한국의 승탑

한국의 승탑

김환대 지음

이담
Books

이 책을 내면서

　우리의 문화재를 찾아서 전국으로 답사한 지도 세월이 많이 흘러서 우리의 문화유적을 대하는 관심과 보는 관점도 이제는 상당히 높아지고 달라진 듯하다. 답사 동호인들과의 현장답사를 해 보면 답사 관련 서적들을 많이 접해서인지 다들 나름대로 문화재에 대한 이해 정도가 상당하다는 것을 매번 느낄 수 있었다. 현장이 그만큼 우리에게 많은 것을 창출하였다는 증거이다. 그중 많은 부분을 차지하고 있는 석조 문화재의 아름다운 미술 세계를 찾아 답사를 하다 보면 정말 조형물의 우수성을 또 한 번 알 수 있다.

　석조 미술품은 흔히 우리가 돌로 만들어진 석불, 불탑, 석등, 당간지주, 승탑, 석조 등의 조형물들을 말하며, 대부분 불교 신앙의 대상물로서 사찰과 관련된 것으로, 시대의 흐름에 따라 조성되는 형태도 달라지고, 흔적들도 원형에서 많이 변형된 경우도 있다. 모두 불교 문화재에 있어서는 중요한 위치를 차지하고 있으나 승탑은 아직 우리에게 익숙하지 않은 명칭이다.

　승탑은 승려의 무덤을 상징하고 그 유골이나 사리를 모셔 두는 곳을 말하는데 일반적으로 부도(浮屠)라는 지정 명칭으로 알려져 있다. 그러나 문화재청에서는 스님의 이름을 알 수 없을 때에는 승탑으로 하고 스님의 이름이 밝혀졌을 때에는 시호만을 사용하여서 이름 뒤에는 탑을 붙여 명칭을 부여하고 있다. 문화재 공식 명칭도 이제 부도에서 승탑이라는 용어로 고쳐, 통일하여 표기하고 있다. 따라서 근래 제작된 문화재 안내문에는 이제 승탑이라는 용어가 자주 보인다. 그러나 아직도 현장에서 문화재 해설을 하시는 분들은 승탑보다는 부도라는 용어가 익숙하여서인지 부도라고 설명을 하는 경우가 더 많으며 지방문화재의 경우는 부도라는 용어가 그대로 지정 문화재 명칭에 사용되고 있으며 전국의 사찰과 절터에도 아직 많이 남아 있다.

테마별로 요즘은 문화유산들이 잘 정리되어 있는 개설서가 많이 있으나 현장에서의 도난과 박물관 등으로 옮겨져 현장의 달라진 상황이나 사진자료 용어들은 예전 그대로 표기하고 있어 일반인들이나 공부하는 학생들에게는 또 한 번 문화재 명칭이나 자료를 확인해 보아야 하는 번거로움이 있다. 문화재 명칭 부여에 있어서도 아직 일관성이나 전문성 및 정확성이 떨어지며 최신 자료를 반영해 목록을 전체적으로 정리해 놓은 것도 없는 상태이다. 따라서 기본 자료는 있으나 아직도 현장에서 일반인들에게 공개되지 않는 승탑

몇 기는 설명에서 제외하였다.

이 책은 그런 일부 문제들을 해결하기 위하여 기존의 연구 성과 및 최근 연구 내용들을 중심으로 현장 답사를 통하여 현재의 달라진 명칭을 정리하였고, 전국의 문화재로 지정된 승탑 140여 기를 중심으로 승탑을 쉽게 접할 수 있도록 구성하였다.

이 책이 나오기까지 여러 자료를 모으고 정리하는 데 많은 주위 분들의 도움이 있었다. 특히 현장 답사를 함께하여 주신 답사 동호인 여러분께 진심으로 감사를 드린다.

사진 자료를 협조해 주신 이홍식 님과 늘 부족한 부분들이 많으나 자료 선정에서부터 세심하게 조언해 주신 박정수 님과 출판사 관계자 여러분에게도 감사함을 전한다.

2012년 7월

김환대

목

차

고려시대

조선시대

승탑의

기원

우리가 일반적으로 석가모니의 사리를 봉안한 것을 탑이라고 한다면 수행이 높았던 고승대덕을 불타와 같은 대우를 해서 스님(승려)의 사리를 두는 곳을 승탑이라고 설명하고 있다. 그러나 승탑의 기록이 남아 있지 않아 어떤 스님을 기리기 위한 것인지 알 수 없는 경우가 많다.

승탑(僧塔)은 앞서 말한 바와 같이 승려들의 묘탑(墓塔)을 말하지만 아직 우리에게는 승탑이라는 다소 생소한 명칭보다는 부도(浮屠)라는 명칭을 사용하고 있다.

부도는 부도(浮圖)·부두(浮頭)·포도(蒲圖) 등으로도 표기되는데 원래는 불타와 같이 붓다Buddha 음을 번역한 것으로 솔도파(Stupa), 즉 탑파의 의미로 쓰이고 부르기도 한다. 즉, 부도라는 용어와 승탑이라는 용어를 아직 동시에 사용하고 있다. 승탑의 기원을 한번 알아보면 정확하게는 알 수가 없으나 현재 대체적으로 남아 있는 최초의 승탑으로 보는 것이 중국 서안의 흥교사(興敎寺)에 있는 669년에 조성되었다고 하는 현장(玄藏)법사의 탑과 현장의 제자인 신라승려 원측(圓測, 613~696)의 탑이라고 한다. 우리나라에 불교가 들어온 뒤부터는 불교식 장례법으로 시신을 화장(火葬)하여 그 유골을 거두어서 묻는 장골(藏骨) 불교식 장제(葬制)가 널리 이루어지게 되었다. 통일신라시대 하대에 와서는 선종의 수용과 확산으로 구산선종(九山禪宗)이 크게 일어나 스님의 위치가 높아져 승탑도 많이 만들어지게 되었다.

『삼국유사』에는 부도(浮圖)로, 전남 곡성 태안사(대안사) 적인선사 조륜청정탑비 비문 중에서는 기석 부도지지(起石 浮屠之地) 구절이 있어, 즉 부도(浮屠)로 쓰여 있는 기록이 보인다.

우리나라에서는 원광(圓光), 혜숙(惠宿), 백제 혜현(惠現) 스님 등의 부도가 정관 연간(貞觀年間, 627~649)에 세워졌다는 기록이 있으나 실제로는 실물로는 확인되지 않고 있어 어떠한 형태로 언제 만들어진 것인지는 알 수 없다.

원광법사 승탑에 대한 기록으로 나이 여든이 넘어 당 정관 연간에 돌아가셨다. 부도는 삼기산(三岐山) 금곡사(金谷寺)에 있는데 지금의 안강 서남쪽 고을이며 또한 명활산(明活山)의 서쪽이다(年八十餘卒於貞觀年間浮圖在三岐山金谷寺今安康西南洞世亦明活之西也, 『三國遺事』卷第五, 圓光西學條).

『삼국유사』에는 또한 지금 안강현 북쪽에 혜숙사(惠宿寺)라는 절이 있는데 혜숙 스님이 머물렀던 곳이라 하며 또한 부도가 있다(今安康縣之北有寺名惠宿乃其所居云亦有浮圖焉, 『三國遺事』卷第四, 二惠同塵條).

『삼국유사』에 기록된 혜현(惠現)에 대한 기록을 보면 도(道)를 닦은 사혹이나 속인(俗人)이나 모두 스님을 공경하여 영골에(靈骨) 안장(安葬)하였다. 스님의 나이는 58세였으며 당시는 당나라 정관(貞觀)의 초년이었다(惠現求靜條. 道俗敬之藏于石塔俗齡五十八卽貞觀之初. 『三國遺事』卷第五). 이러한 기록들로 보면 정관 연간에 승탑이 세워져 대체로 7세기 중엽 삼국시대에 이미 승탑이 세워져 있었을 가능성이 있다. 우리나라에서는 41대 헌덕왕 이후 9세기 무렵 중국의 당나라로부터 들어온 선종(禪宗)이 크게 세력을 떨치면서 선문의 제자들이 스승의 죽음을 기리고 예배의 대상으로 삼으면서부터 전국적으로 승탑이 많이 조성되기 시작한다. 이른바 전국의 구산선문의 승탑들이다.

동리산문 태안사 적인선사(寂忍禪師) 탑(경문왕 원년, 861), 사자산문 쌍봉사 철감선사탑(澈鑑禪師塔 경문왕 8년, 868) 가지산문 보림사 보조선사탑(普照禪師塔 헌강왕 6년, 880), 희양산문 문경 봉암사 지증대사 적조탑(智證大師寂照塔(헌강왕 9년, 883), 실상산문 남원 실상사 증각대사탑(證覺大師塔 893년경), 성주산 성주사 낭혜화상 백월보광탑(朗慧和尙白月葆光塔 진성여왕 4년, 890년 파손), 봉림산문 봉림사 진경대사 보월능공탑(眞鏡大師寶月凌空塔 경명왕 7년, 923)이 대표적인 승탑으로 이들은 모두 한국 석조 미술에 있어서 대표적인 작품으로 평가되고 있다.

현존하는 승탑 중에는 실물로 남아 있으며 절대 연도가 가장 오래된 유물로는 강원도 원주 흥법사에서 전래된 것으로 보이는 (전)흥법사지 염거화상탑[국보 104호, 신라 문성왕 6년(844)]으로, 사리함에서 나온 금동탑지판(金銅塔誌板)에 의해서 연대를 알 수 있다.

승탑이 세워진 장소는 절의 중심부가 아닌 절의 어귀나 뒤쪽의 의외로 외곽 호젓한 곳이며, 스님의 법계(法階)에 따라 탑비(塔碑)와 같이 세워지기도 했으며 고려시대 때부터는 석등까지 갖추어서 마련되었음을 볼 수 있다. 그러나 현재 가장 오래된 승탑으로는 강원도 양양군 진전사지에 있는 보물 제439호 양양 진전사지 도의선사탑(道義禪師塔)이다. 이 승탑은 진전사지 부도라고 불렸으며 진전사를 창건한 선종(禪宗)의 종조(宗祖)인 도의선사의 묘탑으로 추정하였으나 최근 거의 확실하게 보여 도의선사탑이란 명칭으로 개정되었고 조성 시기는 9세기 중반으로 추정된다.

승탑을 이해하기 위해서는 기본적으로 탑파와 사리에 대한 이해가 필요하여 탑파와 사리에 대한 설명을 전체적으로 개관하고자 한다.

사신(死身)을 태워서 그 유골을 매장하는 장법(葬法)인 다비와 함께 탑파는 불교가 발생하기 오래전부터 인도 사회에서 전통적으로 내려오던 사회관습이다. 기원전 5세기 초에 석가세존께서 입적하시자 그를 모시기 위한 분묘로 축조되었으며 그 형식이 후세에까지 불탑의 기준으로 전래된 것으로 추정된다. 불교 초기에는 일반 신도들만 탑 공양이 허락되었고 스님은 탑을 신앙하지 못하게 하였다고 한다. 석가세존 입멸 후 석존의 유골 분배 전쟁을 거쳐 연고가 있는 마가다국의 아자타샤트루왕, 바이샬리의 리차비족, 카필라바스투의 사카족, 알라캄파의 부리족, 라마그라마의 콜랴족, 베타두비파의 바라문, 파바의 말라족, 쿠시나가라의 말라족 등 부족들과 나라들이 각각 나누어 탑을 세우니 이것이 팔분사리탑(八分舍利塔)이다. 배분을 결정한 드로나는 사리를 계량할 때 사용한 병을 가져가 세운 탑이 병탑(甁塔)이고, 늦게 도착한 피팔리바나의 모랴족은 남은 재를 가지고 가서 역시 탑을 세웠는데 이것이 회탑(灰塔)인데, 모두 열 개의 탑이 세워졌다.

그 후 인도를 통일한 아소카왕이 넓은 대륙을 힘으로만 통제하기가 힘들어지자 종교의 힘을 빌리고자 불교에 귀의하였다. 아소카왕이 팔분사리탑을 발굴하여 팔만 사천의 탑을 인도 전역에 세웠다고 북방 불교의 경전은 전하고 있다. 이렇게 세워지기 시작한 탑이 불교의 전파와 더불어 간다라 지방(인도의 서북부 파키스탄 페샤와르 지역)을 거쳐 중국에 전해질 때 다층누각의 형태로 건립되거나 황하 유역에서는 다층전탑으로 변화되어 건립된다. 현재 인도에 남아 있는 가장 오래된 탑은 산치대탑이다.

우리나라에서는 고구려 소수림왕 2년(372) 불교가 들어온 이래 백제, 신라 모두 찬란한 불교문화의 꽃을 피웠고 절들이 세워지면서 탑들도 많이 만들어졌는데, 대체적으로 목탑, 전탑, 석탑의 순서로 전래 건립되었다. 지금 목탑의 오랜 흔적을 더듬어 볼 수 있는 곳으로 고구려시대의 것으로 평양 청암리 절터의 팔각형 기단, 백제시대의 것으로 부여 군수리 절터의 방형 기단 터와 익산 제석사 절터의 방형기단, 신라시대의 것으로는 경주 황룡사 9층 목탑 터, 사천왕사 동서 목탑 터, 망덕사 동서 목탑 터, 보문사 동서 목탑 터 등이 남아 그 흔적을 볼 수 있다.

전탑은 안동 법흥사지 7층 전탑, 안동 운흥동 5층 전탑, 안동 조탑리 5층 전탑, 칠곡 송림사 5층 전탑, 여주 신륵사 다층 전탑이 현존하며, 파괴되어 전탑 재료만 전하는 것으로는 안동 금계리 다층 전탑, 청도 불령사 전탑, 안동 장기리 전탑, 안동 개목사 전탑, 청도 운문사 작압전 등이 있다.

모전석탑으로는 경주 분황사 모전석탑, 영양 현이동 5층 석탑, 영양 산해리 5층 석탑, 영양 삼지동 석탑, 안동 대사동 석탑, 군위 남산동 석탑, 제천 장락동 7층 석탑, 제천 교리 석탑 등이 남아 있다.

석탑은 목탑 건립의 기술과 경험을 바탕으로 삼국시대 말경에 건립되기 시작하였다. 현존하는 백제시대 석탑으로는 익산 미륵사지 석탑, 부여 정림사지 5층 석탑이 있으며 신라 석탑으로는 현존하는 신라 석탑 중 가장 오래된 것은 선덕여왕 3년(634)에 만들어진 분황사석탑, 그 외에 통일신라시대의 대표적인 작품으로 감은사지 동서 3층 석탑, 나원리사지 5층 석탑, 장항리사지 5층 석탑 등 많은 석탑이 남아 있다.

탑은 불사리를 봉안하기 위하여 건립되는 조형물이며 시대와 지역 재료에 따라 그 특색이 다르다. 그러나 불탑, 묘탑의 구별 없이 탑 내부에 사리를 보관하는 것은 변함이 없다. 봉안되는 유물로는 불사리 외에도 불경이나 불상 같은 법신사리를 봉안하기도 하였다. 탑의 조성이 개인의 원탑(願塔)인가 아니면 국가적인 사업인가에 따라서도 봉안 유물의 내용이 많은 차이를 보인다. 승탑에서의 봉안 유물은 다비한 스님의 사리와 여러 가지 장엄구이며 법신사리는 보이지 않는 듯하다. 사리는 죽음을 의미하며 죽음은 곧 열반을 의미하고 해탈(解脫)과 정각(正覺)을 의미하기도 한다. 사리는 인간을 화장한 후 남은 최후의 흔적이라 할 수 있는 유골(遺骨)을 말한다. 불교에서는 화장을 다비(茶毘), 즉 불에 태운다는 뜻으로 시체를 화장(火葬)하는 일을 이르는데 다비하고 나서 뼈를 골라내는 과정에서 나오는 각종 구슬 모양을 사리라고 하기도 하며 오랜 수행의 결정체로 보아 신앙의 대상물로 삼고 있다.

우리가 일반적으로 아는 사리는 석가의 사리를 말하며 불사리(佛舍利), 승려의 사리를 승사리(僧舍利)라 한다. 탑은 그러한 사리를 봉안한 무덤이며 불사리를 안치한 탑은 불탑이라 하고, 승사리를 모신 탑은 흔히 묘탑, 승탑 혹은 부도, 사리탑이라고 부른다.

우리나라에 처음으로 사리가 들어온 것은 대략 진흥왕 10년(549)

으로, 양(梁) 무제(武帝)가 심호(沈湖)로 하여금 진흥왕에게 보내온 것이다. 신라 진흥왕 때의 구법승(求法僧) 각덕이 귀국하는 길에 양(梁) 무제(武帝)가 사신 심호(沈湖)를 파견하여 양나라 사신과 함께 불사리(佛舍利)를 보내오므로 왕이 백관과 함께 흥륜사 앞길에 나아가서 맞이하였다. 이후 『삼국사기』에 576년 안홍이 중국 진나라에서 불사리를 갖고 들어와 봉안하였다. 진평왕 14년(582) 중국에서 들어온 사리 1,200과를 대구 동화사에 안치하였다는 기록과 석가모니 몸에서 나온 진신사리를 가져왔다는 것이 『삼국유사』에 기록되어 있으나 어디 안치했는지 알 수가 없다. 다만 선덕여왕 때 자장율사가 중국 당나라에서 가져왔다는 진신사리는 설악산 봉정암, 오대산 중대사, 영축산 통도사, 사자산 법흥사, 태백산 정암사에 봉안되어 5대 적멸보궁(寂滅寶宮)이라 불리며 알려져 있다. 그중 경남 양산 통도사의 진신사리는 당시 조정의 높은 관리가 와서 계단을 예배하고 사리를 직접 보기 위하여 사리함을 열어 보았다고 전한다. 신라의 자장율사는 선덕왕 12년(643) 석가의 두골과 불아(佛牙), 불사리 백 매, 석가가 입던 비라금점가사(緋羅金點袈裟) 등을 가져왔으며, 인도를 순례했던 현장(玄奘) 스님은 여래의 육사리(肉舍利) 백오십 매를, 의정(義淨) 스님은 사리 삼백 매를, 자장(慈藏) 스님은 당(唐)에서 불사리 백 매를 가지고 왔다고 기록은 전하고 있다. 분사리(分舍利)는 사리팔분과 같은 곳으로 석가 입멸 후에 나온 한정된 수량의 불사리를 늘리는 하나의 방법이었다. 우리나라에서는 분사리가 통일신라 말기부터 이루어졌다고 하나 고려 말에 와서 성행한 것으로 보는데 그 예로 여주 경기도 신륵사에서 입적한 나옹(懶翁) 화상의 경우 입적하자 신륵사, 양주 회암사, 원주 영전사, 밀양 영원사에 사리를 나누어 봉안하였다고 하며, 이러한 경향들은 조선시대에 들어와서 더욱 많아지는데 한적당(1603~1690) 지경(智鏡)의 경우가 그 대표적인 예로 문경 봉암사, 의성 대곡사, 봉화 각화사, 달성 용연사, 거창 연수사, 제천 덕주사, 춘천 청평사에 봉안 되었다. 사리에는 전신사리(全身舍利), 쇄신사리(碎身舍利)가 있다. 사시(死屍)를 전신사리라 하고 다비(茶毘)하여 남은 유골은 쇄신사리라 한다. 고 인도에서는 토장(土葬)하는 유체(遺體)는 전신사리라 하고 화장(火葬)하는 유체는 쇄신사리라 불렀다. 사리는 또한 신골사리(身骨舍利)와 법송사리(法頌舍利), 혹은 법신사리(法身舍利)로 분류되기도 한다. 신골사리는 화장 후 남은 유골을 말하며, 법송사리는 불타가 설한 법, 즉 법신(法身)의 의미를 갖게 된다.

우리가 흔히 쓰는 사리는 이 두 가지를 모두 포함하는 것이 보통이지만 골사리(骨舍利), 발사리(髮舍利), 육사리(肉舍利) 등 세 가지로 나누는 방법도 있어 일정하지 않다. 사리라고 하면 대체로 신사리와 법사리 두 종류를 뜻하는 것이 일반적으로 통용되며 특히 불사리를 지칭할 때는 진신사리라 하는데, 진신은 법신을 가리키기도 하므로 진신사리 역시 두 가지 의미를 내포하고 있는 것을 알 수 있다.

승탑은 불가에서는 숭배의 대상이 될 수는 있으나 신앙의 중심이 될 수는 없기 때문에 사찰의 경내를 벗어난 한적한 곳에 많이 건립하며 대부분 되도록 한 장소에 모아서 밭을 형성하는데 흔히 부도밭, 부도군이라 하여 속세의 공동묘지와 같은 의미로 보고 있다.

승탑의

양식

일반적으로 대부분 문화재들의 형식 분류법이 그러하듯이 석탑이나 석등처럼 승탑도 크게 기단부, 탑신부, 상륜부로 구분된다. 기단부는 몸돌을 올려놓은 기초 부분이며, 기단부는 다시 지대석, 하대석 굄, 하대석, 중대석 굄, 중대석, 상대석 굄, 상대석으로 구성된다.

　탑신부는 탑신 고임부, 탑신석, 지붕돌로 구성된다. 상륜부는 상륜받침 노반(露盤)을 기초로 하여 복발(覆鉢), 앙화(仰花), 보륜(寶輪), 보개(寶蓋), 수연(水煙), 용차(龍車), 보주(寶珠)로 여러 장식이 수직으로 구성되는데 일반적인 석탑의 상륜부와 거의 같다.

　기단부에는 앙련과 복련, 인신수두, 운룡문, 사자상 등의 장식으로 불법을 수호하고 받들어 공경하는 모습으로 장엄된다. 탑신부의 경우 몸돌에는 사천왕상, 보살, 문비 등이, 지붕돌에는 낙수면 기왓골, 귀꽃, 비천상 등으로 장엄하게 된다. 이러한 승탑은 시대의 변화에 따라 양식의 수용과 다양한 조각과 문양들이 변용이 이루어졌고 형태에도 다양성을 보인다.

　승탑의 형식은 기본적으로 팔각원당형과 석종형(覆鉢)의 두 형식으로 크게 나눌 수 있으며 전형(典型)이 되어서 시대의 흐름에 따라 원구형으로 부분적으로 약간의 변화 과정을 거치면서 조선시대까지 이어져 내려오고 있으며 지역적 특색을 보이기도 한다. 17세기에서 18세기 전반에는 전각형과 석종형이 주로 건립되었고, 18세기 후반부터는 구형 승탑의 건립이 일반적으로 증가하여 19세기에는 가장 많이 세워졌다.

팔각원당형(八角圓堂型) 혹은 팔각당형 승탑은 주로 9세기 후반에 나타나며 기단부와 탑신부, 지붕돌, 상륜부 모두 팔각형으로 되어 있다. 기단부와 탑신부에는 여러 가지 조각상들이 화려하게 장엄되어 있고, 주로 통일신라시대 후기와 고려시대의 크고 화려한 승탑의 주류를 이루고 있다. 대표적인 예로 현재 남아 있는 가장 오래된 것으로 보고 있는 전흥법사염거화상탑(844), 태안사 적인선사 조륜청정탑, 쌍봉사 철감선사탑, 봉암사 지증대사 적조탑, 실상사 지증대사 응료탑, 수철화상 능가 보월탑, 연곡사 동 승탑과 북 승탑, 거돈사 원공국사 승묘탑, 고달사 전원감국사 보명탑, 보림사 보조선사 혜진탑, 청룡사보각국사정혜원융탑 등이 있다.

석종형(石鐘形) 승탑은 절에서 쓰이는 범종(梵鐘)을 받침대 위에 올려놓은 듯한 모습이어서 붙여진 이름으로 넓고 높은 방형 기단 위의 가운데에 종 모양의 몸돌을 세워놓고, 그 위에 연꽃봉오리나 보주를 얹은 간단한 상륜이 올라가는 구조로 되어 있다.

현재 가장 오래된 것으로는 울산 태화사지 십이지상 사리탑이며, 고려시대에 와서 많이 만들어졌으며 조선시대까지 이어졌으나 가장 흔히 말하는 승탑으로 그 개수도 가장 많다.

대표적인 예로는 울산 태화사지 십이지상 사리탑, 통도사 사리탑, 불일사 승탑, 금산사 금강계단 석종형 탑, 신륵사 보제존자 석종, 화장사 지공정혜 영조탑, 안심사 석종, 용연사 사리탑, 화엄사 벽암 당탑 등이 있다.

특수형 별형(別型) 승탑은 진전사지 도의선사탑이 대표적인데 방형 이층 기단 위 팔각탑신, 팔각옥개 위 연꽃봉오리 상륜을 구성하고 있으며, 정토사 홍법국사 실상탑은 4각 지대석 위 원형 탑신을, 법천사 지광국사 현묘탑은 장방형으로 원나라의 영향을 받아서 장식이 화려하며 영전사 보제존자 사리탑은 방형 석탑을 모방하여 다들 형식 자체가 다소 특이하다고 할 수 있다. 발형(鉢形) 모양의 승탑도 있는데 수철화상과 더불어 남원 실상사 홍척국사의 상수 제자였던 편운화상 승탑이 대표적인 예이다. 지붕돌 위 삿갓 부분에 송이버섯 모양의 보주가 올려져있는 특이한 형태이나 아직 일반인들에게는 잘 알려져 있지 않다.

현장 답사에서 승탑의 명칭을 아는 방법을 살펴보면 부도가 세워진 사찰(절) 이름도 알고 탑 주인도 알고 임금이 시호 및 탑명을 하사한 경우, 예를 들면 청룡사보각국사정혜원융탑의 경우 청룡사에 안치되어 있고, 보각은 입적 후 임금이 내려 준 시호이고, 국사(國師)는 입적한 스님의 생존 시 승직 또는 입적 후에 추증된 승직(僧職), 정혜원융은 임금이 내려 준 탑명이다.

부도가 세워진 절 이름도 알고 탑의 주인도 알 경우, 예를 들면 쌍봉사 철감선사탑은 쌍봉사에 안치된 철감선사의 승탑(경문왕 8년(868)), 백련사 정관당 승탑 백련사에 안치된 '정관당'이라는 호를 가진 스님의 승탑. 부도가 세워진 절 이름도 탑 주인도 발견된 장소도 모를 경우에는 석조 승탑, 탑 주인은 알지만 승탑이 세워진 절 이름이 확실하지 않고 전해져 오는 경우에는 (전) 홍법사 염거화상탑, 즉 염거화상탑으로 홍법사에 있었다고 전해져 온다는 것을 말한다.

이처럼 통일신라 후기에서 고려시대와 조선시대 승탑에 대한 연구는 현재 차츰 다양해져 연구 성과들이 축적되고 있는 상황이다. 승탑은 부도란 명칭으로 1962년 국보 7점이 지정되었고, 1963년 보물 30점이 문화재로 지정된 이래 지방 유형문화재에서 보물로 승격 지정된 부도를 포함하여 2002년에 이르기까지 현재 전국에 140여 개의 문화재가 지정되어 있으며, 2010년 12월에는 기존에 사용되던 부도(浮屠)라는 지정명칭을, 스님의 이름을 알 수 없을 때에는 승탑으로, 스님의 이름이 밝혀졌을 때에는 시호만을 사용하여 이름 뒤에 탑을 붙이는 것으로 국보나 보물 문화재의 명칭을 수정하였다. 그 예로 경기도 여주에 있는 고달사지 부도(국보 제4호)는 여주 고달사지 승탑으로, 충주에 있는 청룡사보각국사정혜원융탑(국보 제197호)은 충주 청룡사지 보각국사탑으로 실상사 부도(보물 제36호)는 실상사 승탑으로, 고달사 원종대사혜진탑(보물 제7호)은 고달사지 원종대사탑으로 변경하여 국보와 보물급 문화재는 명칭이 승탑이나 탑으로 불린다.

시대별로 중요한 전국에 알려진 승탑을 정리해 보면 통일신라시대는 과히 승탑의 시대라 할 만큼 화려하고 아름다운 조각 예술의 승탑들이 나타났다. 주요 승탑으로는 염거화상탑, 태안사 적인선사 조륜청정탑, 쌍봉사 철감선사탑, 보림사 보조선사탑, 봉암사 지증대사탑, 실상사 수철화상 능가보월탑, 봉림사지 진경대사 보월능공탑 등이 있다.

고려시대는 국가적 종교로서 불교가 번성한 까닭에 많은 승탑이 전국에 조성되었는데 전기와 후기로 나누어 그 형태를 살펴볼 수 있다. 전기에는 흥법사지 진공대사탑, 보현사 낭원대사오진탑, 태안사 광자대사탑, 봉암사 정진대사원오탑, 고달사지 원종대사 혜진탑, 보원사지 법인국사 보승탑 등이 있다. 후기에는 승려의 묘탑이 석종형 모양으로 나타나기 시작하여 만들어지는데 경기도 여주 신륵사에 무학대사의 스승인 나옹화상의 승탑인 보제존자 석종이 대표적인 예이다. 또한 특수 형태로 그 모습이 기존과 다소 차이가 나는 승탑으로 정토사 홍법국사실상탑, 법천사지 지광국사 현묘탑, 영전사 보제존자 사리탑 등이 있다.

조선시대에는 임진왜란(1592)을 중심으로 큰 변화가 국가적으로 있었듯이 임란 이전과 임란 이후의 승탑도 그 모습에서 다소 차이가 있다. 전기에는 고려시대적인 요소가 나타나는 데 비해서 후기는 조선시대적인 요소들이 많이 나타나 보이고 있다.

조선 전기의 보각국사정혜원융탑, 용문사 정지국사 승탑, 회암사 무학대사탑, 복천사 학조등곡화상탑이 알려져 있으며, 조선 후기에는 연곡사 서 승탑, 용연사 석조계단, 봉인사 사리탑 등이 있다. 이 외에도 전국에는 수많은 비지정 승탑들이 많은데 대부분 조선시대 석종형 모양의 승탑이 주류를 이루며 많이 차지하고 있다.

우리나라의

승탑

통일신라시대

진전사지 도의선사탑(道義禪師塔)

강원도 양양군 강현면 진전사지 내 있으며 보물 제439호로 지정되어 있다. 흔히 진전사지 부도라고 불리며 진전사를 창건한 한국 선종의 초조인 도의선사의 묘탑으로 추정된다.

현재 남아 있는 실물 승탑으로는 가장 오래된 것으로 보고 있으며 일반적인 다른 탑과는 달리 팔각형의 탑신(塔身)을 하고 있으며 그 아랫부분이 신라 석탑과 같은 전형적인 양식인 2단의 기단을 이루고 있는데 이러한 기단의 구조는 다른 곳에서는 찾아볼 수 없는 독특한 형태이다. 상대갑석 위에 16개의 연꽃모양을 새긴 별도의 석재를 끼워 놓았고 팔각의 탑신석에는 문(門)모양이 새겨져 있다. 지붕돌 위에는 둥근 형태의 보주가 얹어져 있다.

이 승탑의 만들어진 시기는 9세기 중엽으로 추정되며 우리나라 최초의 석조 승탑이라는 점에서 큰 의의가 있는 작품이다. 2001년 승탑이 있는 이 일대를 강원문화재연구소에서 발굴조사 하였다.

(전) 원주 흥법사지 염거화상탑(廉居和尚塔)

현재 국립중앙박물관 야외에 있으며 국보 제104호로 일반적으로 팔각원당형 형태로 가장 오래된 승탑으로 알려져 있다. 원래는 강원도 원주의 흥법사지에 있었던 것으로 전하며 탑골공원 이후 경복궁 등으로 여러 차례 옮겨져 현재는 국립중앙박물관 야외에 있다.

이 승탑은 기존의 진전사지 승탑과 달리 불상의 대좌와 같은 팔각형의 대좌를 기본으로 하여 기단부로 삼고 있어 팔각형 승탑으로는 가장 이른 시기의 형태이다. 기단 아래 하대석 부분에는 각 면에 사자를 새겼는데 모두 자세가 다르게 표현되었다. 가운데 중대석에는 안상(眼象)을 새기고 그 안에 향로를 새겨 두었다. 상대석과 탑신부 사이에는 별도로 팔각 고임돌이 있는데 각 면에 안상을 새기고 그 안에 연화좌 위에 앉아 있는 천부상(天部像)이 새겨져 있어 안상 안에 여러 조각을 새겨 장식하여 돋보인다. 몸돌은 앞과 뒷면에 문비(門扉)를 새기고 그 안에 자물쇠와 문고리 두 개씩을 조각하였고 문비 양쪽으로 사천왕상(四天王像)을 배치하였다. 지붕돌은 밑면 처마 아래에 비천상(飛天像)을 한 면씩 건너서 네 면에 새겨 놓았다. 또한 경사면에 깊게 패인 낙수 면에는 기왓골을 두었고 기와의 끝마다 막새기와 모양을 새겨 두었다.

상륜부는 남아 있었으나 현재는 보이지 않는다. 탑을 옮겨 세울 때 그 안에서 금동탑지(金銅塔誌)가 발견되어 문성왕 6년(844)에 세웠음을 알게 되었다.

태안사 적인선사탑(寂忍禪師塔)

전남 곡성군 태안사에 있으며 보물 제273호로 승려 적인선사 혜철의 승탑이다.

이 승탑은 통일신라시대의 전형적인 모습을 하고 있으며, 3단의 기단 위로 탑신(塔身)과 지붕돌 상륜부를 올리고 있다. 아래 기단부에는 면마다 사자상을 조각해 놓았다. 탑 몸돌에는 앞뒷면에 문비를 새겼고 그 옆면에는 사천왕상(四天王像)을 조각하였다. 지붕돌은 밑면에는 서까래를, 윗면에는 기왓골과 막새기와까지 표현하였고 상륜부의 꼭대기에는 앙화(仰花), 복발(覆鉢), 보륜(寶輪), 보주(寶珠) 등으로 장식하였다.

승탑 옆의 탑비의 비문에 의하면 적인선사는 경문왕 원년(861)에 입적하였으며 이 승탑의 건립 연도는 탑비가 건립된 경문왕 12년(872)에 조성된 것으로 보인다.

연곡사 동 승탑(僧塔)

전남 구례군 연곡사에 있으며 국보 제53호로 지정된 이 승탑은 연곡사의 동쪽에 있어 동 승탑이라 부른다. 전체적으로 팔각형을 기본으로 하고 있으며 기단(基壇)은 세 층으로 아래 받침돌, 가운데 받침돌, 위 받침돌을 올렸다.

하대석 받침돌에는 구름에 휩싸인 용과 사자상을 각각 조각해 놓았다. 가운데 받침돌에는 둥근 테두리를 두르고, 문비를 조각하였는데 남면에는 문고리와 자물쇠를 표현하고 북면에는 자물쇠를 새겨 놓았다. 나머지 이면에는 사리용기와 사면에는 사천왕상(四天王像)이 새겨져 있다. 지붕돌에는 서까래와 기와의 골을 새겼으며, 처마 밑에는 비천상이 새겨져 있으며 처마 끝에는 암막새와 수막새의 표현을 알 수 있게 사실적으로 정교하게 표현해 놓았다. 9세기 석조 승탑의 양식으로 대표적인 것이라 볼 수 있다.

상륜부는 앙화 위에 각종 장식이 있는데 특히 가릉빈가(伽陵頻迦)가 주목되며 전체적인 조각 수법으로 보아 통일신라 후기를 대표하는 작품으로 추정되며 아직 주인공이 밝혀지지 않았다.

쌍봉사 철감선사탑(澈鑒禪師塔)

전남 화순군 이양면 증리 쌍봉사에 있으며 국보 제57호로 지정되어 있다. 철감선사는 통일신라시대의 승려로, 28세 때 중국 당나라로 들어가 불교를 공부하였다. 경문왕 8년(868) 71세로 입적하니, 왕은 '철감'이라는 시호를 내리어 탑과 비를 세우도록 하였다.

이 승탑은 전체가 팔각으로 이루어져 있으며, 기단(基壇)은 밑돌·가운뎃돌·윗돌의 세 부분으로 되어 있으며, 밑돌과 윗돌의 장식이 화려하다. 밑 기단에는 여덟 마리의 사자가 구름 위에 앉아 있는 모습으로 새겨져 있다. 윗돌에도 연꽃무늬를 두르고, 안상 안에 가릉빈가(伽陵頻迦)가 악기를 연주하는 모습이 새겨져 있다. 탑신(塔身)은 몸돌 모서리마다 둥근 기둥 모양을 새기고, 면마다 문비와 사천왕상(四天王像), 공양 비천상(飛天像) 등을 조각하였다. 지붕돌의 낙수 면에는 기왓골이 깊게 패 있고, 각 기와의 끝에는 막새기와가 표현되어 있고 처마에는 서까래까지 매우 사실적으로 표현되어 있어 우리나라에 남아 있는 승탑 가운데 가장 아름다운 작품으로 꼽히고 있다.

조성 시기는 선사가 입적한 경문왕 8년(868)의 작품으로 추정된다.

보림사 보조선사탑(普照禪師塔)

전남 장흥군 보림사에 있으며 보물 제157호로 지정되어 있으며 보조선사의 사리를 모셔 둔 승탑이다. 보조선사(804~880)는 헌안왕 3년(859)에 왕의 청으로 보림사의 주지가 되었으며, 헌강왕 6년(880) 77세의 나이로 입적하였는데 왕은 그의 시호를 '보조선사'라 하고, 탑 이름을 '창성'이라 내리었고 그의 사리탑으로 건립하였다.

이 탑은 바닥돌부터 지붕돌까지 팔각으로 이루어져 있으며 기단(基壇)의 아래 받침돌에는 구름무늬를 조각하였고, 사자상을 새겨 두었으며 가운데 받침돌은 아래위로 띠를 두르고 있으며 배가 약간 부른 형태이다. 연꽃조각 위에 놓인 탑신(塔身)의 몸돌은 앞뒷면에 문비 모양을 새기고 그 양옆에는 사천왕상(四天王像)을 새겼다. 지붕돌은 밑면에 서까래를 표현해 놓았고, 윗면에는 기왓골이 깊게 패 있다. 상륜부는 완전하지는 않으나 복발(覆鉢), 보륜(寶輪), 보주(寶珠) 등이 차례로 놓여 있다.

봉암사 지증대사탑(智證大師塔)

경북 문경시 봉암사에 있으며 보물 제137호로 지증대사의 사리를 모신 탑이다. 이 탑은 탑신(塔身)을 중심으로 하여 아래에는 기단부를 두고, 위로는 상륜부를 얹었다.

팔각원당형을 기본으로 한 형태로 기단은 밑단에는 각 면마다 사자를 조각하였으며, 윗단을 괴는 테두리 부분을 구름무늬로 가득 채워 조각하였다. 윗단은 모서리마다 구름이 새겨진 기둥 조각을 세우고, 그 사이에 가릉빈가를 새겨 놓았다. 가릉빈가는 불교에서의 상상의 새로, 상반신은 사람 모습이며, 하반신은 새의 모습이다. 위의 받침돌은 윗면에 굄대를 두었고, 모서리마다 기둥 조각을 세워 난간을 표현해 놓았다. 탑신은 팔각의 몸돌 모서리마다 기둥 모양을 새겨 두었고, 앞과 뒷면에는 자물쇠와 문고리가 달린 문비를 조각하였다. 그 양옆으로는 사천왕상을, 나머지 두 면에는 보살입상이 새겨져 있다. 지붕돌도 팔각이며, 아래 서까래는 두 겹으로 표현하였고 처마는 살짝 들려 있다. 지붕돌 꼭대기에는 별석으로 조성한 연꽃받침을 놓아 노반과 복발이 차례로 얹혀 있다.

탑 옆에는 탑비가 있어서 지증대사의 생애와 행적을 알 수 있으며, 비문의 기록으로 보아 헌강왕 9년(883)에 세워진 것으로 추정된다.

봉림사지 진경대사탑(眞鏡大師塔)

이 탑은 통일신라 후기의 승려로 선종 산문의 하나인 봉림산문을 세운 진경대사 심희(855~923)의 묘탑으로, 봉림사 진경대사 보월능공탑으로 불렸으며 보물 제362호로 지정되어 있으며 원래는 탑비와 함께 경남 창원시 봉림사지에 있었던 것으로 현재 국립중앙박물관에 옮겨져 있다.

전형적인 팔각원당형을 기본으로 하여 기단부, 탑신부, 지붕돌, 상륜부가 올려 있는 형태이다. 전체적으로 팔각집 모양을 아주 충실히 따르고 있다. 기단의 아래 받침돌은 팔각으로, 옆면에는 안상(眼象)이 새겨져 있으며 가운데 받침돌은 북 모양으로 중앙에는 꽃송이 모양을 새긴 후 도드라진 띠 장식으로 연결시켜 장식하고 있는데 띠를 두른 북 모양의 중대석은 같은 시기의 석등에서도 보이는 양식이라 주목된다. 위 받침돌에는 연꽃을 조각하였고 탑신 몸돌은 모서리마다 기둥 모양을 새겼다. 지붕돌은 높고 처마는 수평을 이루고 있다. 상륜부에는 한 돌로 조각된 앙화(仰花)와 보주(寶珠)가 있다.

주변에 있는 탑비의 내용으로 보아 주인공인 진경대사가 입적한 해인 경명왕 7년(923)에 만들어진 것으로 추정된다.

굴산사지 승탑(僧塔)

  강원도 강릉시 구정면 학산리 굴산사지에 남아 있는 이 승탑은 보물 제85호로 굴산사를 세운 통효 범일국사(梵日國師)의 사리를 모신 승탑이다.

  팔각을 기본으로 하여 조성되어 있지만 부분적으로는 일부 부재들이 없어져서 변형된 수법을 보이나 온전한 형태로 남아 있다. 몸돌을 중심으로 아래로는 받침부분이 놓이고, 위로는 지붕돌과 상륜부의 장식이 놓여 있다. 바닥 돌은 팔각의 평면에 위에는 받침돌이 있다. 팔각의 고임돌이 있는 아래 받침돌은 평면이 약간 둥글며 구름무늬가 새겨져 있다. 그 위의 중간 받침돌에는 8개의 기둥을 세워 각 면에는 천상(天上)의 사람이 악기를 연주하는 주악상이 새겨져 있는데 악기는 장구, 훈, 동발, 비파, 피리, 생황, 공후, 대금 순으로 묘사되어 있다. 맨 위 받침돌도 연꽃 모양을 새겼다. 팔각의 몸돌과 지붕의 경사가 급하게 보이는 지붕돌로 이루어져 있는데 지붕돌 처마 끝의 조각 등 전체적인 조각 수법으로 보아서 대체로 고려시대 초기작으로 보는 경향이 많으나 범일이 입적한 진성여왕 3년(889)의 작품으로 추정된다. 1999년 해체 보수되었다.

실상사 수철화상탑(秀澈和尙塔)

　전북 남원시 산내면 실상사에 있으며 보물 제33호로 지정되어 있으며 수철화상의 사리를 모셔 놓은 탑이다.

　석조부도의 전형적인 형태인 팔각의 평면을 기본으로 삼고 맨 아래 바닥 돌에서 지붕돌까지 갖추고 있다. 다소 높은 기단은 아래 받침돌에 구름과 용무늬와 사자가 새겨져 있다. 위 받침돌에는 연꽃무늬가 조각되어 있다. 팔각의 몸돌에는 모서리마다 기둥 모양이 새겨져 있고 각 면에는 문비와 좌우 면에 사천왕상(四天王像)이 새겨져 있다. 지붕돌은 전체적으로 다소 얇으며 경사가 완만하다. 처마부분에는 곡선을 이루고 서까래를 새겼는데 지붕 경사면에는 기왓골을 표시하였다.

　탑 옆에는 탑비가 건립되어 있는데 이 탑 비문에 의하면 수철화상이 진성여왕 7년(893)에 77세로 입적한 것으로 보아 탑을 세운 시기도 893년 무렵에 세워진 것으로 추정하고 있다.

실상사 증각대사탑(證覺大師塔)

　전북 남원시 산내면 실상사에 있으며 보물 제38호로 증각 홍척 국사의 사리를 모신 승탑이다. 팔각의 평면을 기본으로 삼고 있는 팔각원당형 형식이다.

　기단부는 상대석, 중대석, 하대석으로 구성되었고 기단은 팔각형의 석재를 쌓은 뒤 연꽃 모양의 돌을 올렸다. 탑신(塔身)은 몸돌과 지붕 돌로 구성되어 있으며 몸돌은 기둥 모양이 새겨져 있고 각 면에 아치형의 문비를 조각하고 그 안에 자물쇠와 문고리를 새겼다. 그 옆면에는 사천왕상(四天王像)을 돋을새김하였다. 지붕돌에는 처마선이 잘 묘사되어 있고 상륜부는 앙화석과 보륜, 보주석이 올려 있으며 전체적인 조각 수법으로 보아 9세기 후반의 작품으로 추정된다.

석남사 승탑(石南寺 僧塔)

　울산광역시 울주군 석남사 동북쪽 언덕 위에 있으며, 보물 제369호로 도의국사의 사리탑으로 불렸으며 현재는 낭공대사 행적 스님의 승탑으로 추정하고 있다.

　전체적으로 팔각의 형태를 하고 있으며, 팔각의 바닥 돌 위에 기단부와 탑신(塔身) 상륜을 올려놓은 모습이다. 기단부의 아래 받침돌은 팔각으로 사자와 구름무늬를 새겨 놓았다. 북 모양을 하고 있는 가운데 받침돌에는 안상(眼象)을 새겼고, 그 안으로 꽃 모양의 띠를 둘렀다. 위 받침돌은 연꽃을 새겨 탑신을 받치도록 하였다. 탑신은 모서리에 기둥 모양을 새겼고, 앞뒷면에는 문비를 조각해 두었는데 앞면에만 자물쇠가 새겨져 있어 주목된다. 문비의 양옆으로 사천왕상이 배치되어 있다. 지붕돌은 추녀가 짧고 서까래와 기왓골이 표현되었으며, 지붕돌 위로는 상륜부가 얹혀 있다.

　전체적인 조각 수법으로 보아 통일신라 후기 작품으로 추정되며 917년에 세워진 것으로 추정하기도 한다.

태화사지 십이지상 사리탑

이 사리탑은 태화사지 십이지상 부도로 잘 알려져 있었으며, 보물 제441호로 원래 울산 태화사지에 묻혀 있던 것을 1962년에 발굴하여 부산으로 옮겼다가, 다시 울산 학성공원으로 옮겨 와 보존하고 있었으나 2011년 울산박물관으로 이전하여 현재 보존 전시하고 있다.

일반적인 형태와 달리 넓은 바닥돌 위에 종 모양의 몸돌이 놓인 형태로, 바닥돌에는 앞면과 옆면에 가느다란 안상(眼象)이 새겨져 있다. 종 모양을 하고 있는 몸돌은 윗부분에 감실 입구를 만들고, 그 안쪽으로 깊숙이 파놓은 형태를 하고 있다. 감실 입구 아래로는 서 있는 십이지신상을 돌려 가며 돋을새김 해 놓았는데, 남쪽에 새긴 것은 오상(午像 말)이고, 북쪽에 새겨진 것은 자상(子像 쥐)이다. 사리탑을 묘로 보아 새겨 놓은 것으로 보고 있다.

석종 모양의 사리탑으로는 가장 오래된 것으로 특히 십이지상을 조각한 것으로는 유일한 것이라 매우 중요하며 전체적인 조각 수법으로 보아 통일신라 후기 9세기 말에 만들어진 것으로 추정되며 간단한 형태이나 주인공은 아직 밝혀지지 않았다. 또한 사리를 과연 봉안하였던 석조물인지도 불분명하여 아직 의문으로 남아 있다.

망해사지 승탑

울산광역시 울주군 청량면 망해사에 있는 이 승탑은 예전에는 망해사지 석조부도라는 명칭으로 불리어 왔다. 보물 제173호로 망해사의 법당 북쪽에 동서로 있는데, 동쪽 승탑은 파손되어 있던 것을 1960년 11월에 복원하였으나 서로 규모와 양식은 거의 같으며, 각 부분이 팔각으로 이루어져 있다.

기단은 3개의 받침돌로 이루어져 있는데 아래 받침돌은 팔각으로 구성하고, 그 위로 연꽃무늬를 조각한 돌을 올렸으며, 가운데 받침돌은 높은 팔각의 단 위에 다시 낮은 층을 이루어 받치고 있다. 위 받침돌은 옆면에 연꽃잎을 이중으로 조각하였다. 탑신(塔身)은 면마다 모서리에 기둥 모양의 조각을 새겼으며, 사면에는 문비 모양을 새겨 놓았다. 지붕돌은 처마와 추녀가 수평으로 넓으며 상륜부는 두 탑 모두 없어졌다.

최근에는 승탑이 아니라 불탑으로 보는 견해도 있으며 같은 동일한 형식으로 승탑을 세운 경우는 매우 드물어 주목되는 작품이다. 조각 수법으로 보아 통일신라 후기 작품으로 추정된다.

선림원지 승탑

강원도 양양군 서면 황이리 선림원지에 있으며 보물 제447호로 지정되어 있다. 선림원지는 1948년 절터에서 804년으로 적힌 신라시대 범종이 나오면서 창건 연대를 알 수 있게 되었다. 이 승탑은 일제 강점기에 완전히 파손되었던 것을 1965년 11월에 현재의 자리에 복원한 것으로 현재 기단부만이 남아 있으며 탑신(塔身)과 지붕돌, 상륜부는 아직 찾지 못한 상태이다.

기단은 팔각을 기본형으로 하고 있으며 바닥 돌 위로 기단의 아래 받침돌·중간 받침돌·위 받침돌을 차례로 올렸다. 아래 받침돌은 아랫단이 바닥 돌과 한 돌로 짜여 있으며 안상(眼象)을 새기고 그 속에 빈 공간과 사면에는 한 쌍의 사자상을 번갈아서 조각해 놓았다. 윗단에는 두 겹으로 연꽃잎을 큼직하게 새기고, 그 위에 굄을 두툼하게 하였다. 중간 받침돌은 원형에 가깝고 거의 상대석과 붙어서 한마로 되어 있는데 높게 돋을새김해 놓은 용과 구름무늬의 조각 수법은 화려하다. 위 받침돌에 두 겹으로 새긴 여덟 장의 연꽃잎은 밑돌에서의 조각 수법과 거의 같다.

전체적인 조각 수법으로 보아 통일신라 후기에 만들어진 작품으로 추정되나 절터에 남아 있는 홍각선사비가 전하므로 이 승탑도 홍각선사 이관의 승탑으로 보이며 정강왕 원년(886)에 만들어진 것으로 추정하고 있다. 이 승탑과 같은 양식으로 고려 태조 23년 (940)년에 홍법사지 진공대사탑에 그 양식과 조각 수법이 계승된 것으로 보인다.

고려시대

흥법사지 진공대사탑(眞空大師塔)

이 승탑은 보물 제365호로 원래는 강원도 원주의 흥법사지에 있었으나 1931년 경복궁으로 옮겨 왔으며 현재는 국립중앙박물관 야외에 있으며 그 옆에는 돌로 만든 함이 함께 있다.

전체가 팔각으로 이루어진 기본 형태로, 기단의 아래와 위 받침돌에는 연꽃을 새겼다. 가운데 받침돌 표면에는 구름과 함께 뒤엉켜 있는 용이 잘 조각되어 있어 빼어난 조각 솜씨를 엿볼 수 있다. 탑신(塔身)의 몸돌에는 팔각의 모서리마다 꽃무늬가 장식되어 있고, 앞뒤 양면에는 자물쇠가 달린 문비가 각각 새겨져 있다. 지붕돌은 밑면에 3단의 받침과 이중으로 된 서까래가 표현되어 있다. 낙수 면 끝에는 솟아 있는 귀꽃 조각이 새겨져 있다. 낙수 면에는 기와를 입힌 기왓골이 표현되어 있고 처마 끝에 이르러서는 암막새, 수막새 등의 기와까지 조각되어 있어 밑면의 서까래와 함께 당시 목조건축의 양식을 일부 엿볼 수 있게 하였다. 상륜부에는 팔각의 지붕 모양의 부재인 보개(寶蓋)가 놓여 있다.

조각 수법으로 보아 고려 초기 작품으로 추정되며 고려 태조 23년(940)으로 추정하기도 한다.

법천사지 지광국사탑(智光國師塔)

이 승탑은 고려시대의 고승 지광국사 해린(984~1067)을 기리기 위한 묘탑으로, 국보 제101호로 지정되어 있다. 원래는 강원도 원주시 부론면에 있는 법천사 터에 있던 것인데, 1912년 일제강점기에 일본인이 일본의 오사카로 몰래 가져갔다가 발각이 되어 3년 후인 1915년에 되돌려 받아 경복궁에 세워지게 되었다. 그러나 1950년 한국전쟁(6·25) 때 피해를 입어 파손되어 버렸고, 1957년에 복원하였다.

전체적으로 지대석과 기단부, 탑신부, 지붕돌, 상륜부 등으로 구성되어 있다. 일반적으로 통일신라 이후의 승탑은 팔각원당형을 기본형으로 만들어진 것에 비해, 이 승탑은 전체적으로 4각의 평면을 기본으로 하는 새로운 양식을 보여 주며 마치 불탑과 같은 느낌이 든다. 기존의 양식과는 아주 다른 형태로 바닥 돌은 네 귀퉁이마다 용의 발톱이 새겨진 듯 엎드린 자세로 조각되어 있고, 기단부에는 여러 단을 두었는데 꽃, 상여, 보탑(寶塔), 신선(神仙) 장식을 하고 탑신의 몸체에도 앞뒤로 문비와 자물쇠를 본떠 새겼으며 페르시아 풍의 창문을 내고 드림새 장식을 하였다. 지붕돌은 네 모서리가 치켜 올려져 있고 밑면에는 불상과 보살, 봉황 등을 조각해 놓았다. 상륜부(相輪部)는 앙화(仰花)·복발(覆鉢)·보개(寶蓋)·보주(寶珠)가 올려져 잘 남아 있다.

지광국사 장례(葬禮) 때 사리(舍利)를 운반하던 외국풍의 가마를 본떠 제작된 것으로 보이며 기존 양식과 다르게 새롭게 고안된 걸작으로 꼽히며 고려 선종 2년(1085)에 세워진 것으로 추정된다.

거돈사지 원공국사탑(圓空國師塔)

이 승탑은 보물 제190호로 원공국사 지종(智宗, 930~1018)의 묘탑(墓塔)이다. 원래는 강원도 원주시 부론면 정산리 거돈사지에 있었으나 일본 사람의 집에 소장되어 있던 것을 1948년 경복궁으로 옮겨 왔으며 현재는 국립중앙박물관 야외에 있다.

전체적으로 팔각원당(八角圓堂) 형식으로 통일신라시대 양식을 이어받아 조성된 것으로 기단은 하대석·중대석·상대석으로 이루어져 있다. 하대석은 면마다 안상(眼象)을 새기고 그 안에 꽃 모양을 새겨 놓았다. 중대석은 아래위에 테를 둘렀고, 각 면의 좌우에 안상을 새겼으며 그 안에 팔부중상(八部衆像)을 조각하였다. 상대석에는 팔각형의 굄을 마련하여 탑신(塔身)을 받치게 하였다. 탑신은 팔각형으로 모서리마다 주위를 꽃 모양으로 장식한 기둥 모양을 조각하였다. 각 면에는 앞뒤 양면에 문비(門扉)와 자물쇠 모양을, 좌우 양면에는 창문 모양을 새기고 그리고 나머지 남은 네 면에는 사천왕상(四天王像)을 새겨 놓았다. 지붕돌은 탑신석과 닿는 곳에 4단의 받침을 두고 그 위에 서까래를 새겼다. 낙수 면에 기왓골 조각은 처마에 이르러 막새기와 모양까지 표현해 놓았다. 상륜부에는 팔각형의 보개(寶蓋)가 놓여 있다.

원공국사탑비가 고려 현종 16년(1025)에 세워진 것으로 보아 이 작품도 그때 건립된 것으로 추정된다. 강원도 원주시에서는 원주 부론면 정산 3리 거돈사지 현장에 2007년 재현품을 제작하여 설치해 놓았다.

태안사 광자대사탑(廣慈大師塔)

전남 곡성군 죽곡면 태안사 입구에 있으며 보물 제274호로 광자대사 윤다(允多)의 사리를 모신 승탑이다. 전체적인 형태는 바닥돌부터 꼭대기까지 팔각 평면을 이루고 있으며, 기단부(基壇部) 위에 탑신(塔身)을 차례로 놓은 형태이다.

아래 받침돌에는 덩굴무늬와 연꽃무늬가 새겨져 있고 낮은 가운데 받침이 올려져 있다. 위 받침에는 연꽃을 조각하였다. 탑 몸돌은 앞뒷면 모두 향로 모양을 새겨 두었고, 그 옆으로는 사천왕상(四天王像)을 조각하여 놓았다. 지붕돌은 높은 편이나 추녀에 이르러 얇아져 있으며 윗면에는 기왓골이 조각되어 목조건축의 양식을 충실히 반영하고 있다. 상륜부는 앙화(仰花), 보륜(寶輪), 보개(寶蓋), 보주(寶珠) 등 대부분 완전하게 잘 남아 있다.

세운 시기는 광자대사가 혜종 2년(945) 82세로 입적하였으나 탑비의 건립이 고려 광종 원년(950)이므로 조성된 시기도 이때로 추정하며 전체적인 조각 수법으로 보아 고려 초기 작품으로 추정하고 있다.

보현사 낭원대사탑(朗圓大師塔)

강원도 강릉시 성산면 보현사에서 조금 떨어진 위치에 있으며 보물 제191호로 낭원대사의 사리탑이다. 무너져 있던 것을 사찰 입구 쪽에 복원해 두었다가, 1991년 다시 원래의 자리로 보이는 주변 산 인근으로 옮겼다.

전체적으로 팔각의 평면을 기본으로 하고 있으며 지대석, 기단부, 상륜부에 모든 부재가 다 팔각으로 조성되어 있다. 기단은 세 개의 받침돌로 이루어져 있으며 하대석에는 측면에 안상(眼象)이 조각되어 있다. 상단석은 운룡문을 장식하였는데 각각 두 마리의 용으로 총 네 마리가 새겨진 듯해 보인다. 가운데 받침돌이 없어진 형태이며 탑신(塔身)의 몸돌 한쪽 면에는 문 모양과 자물쇠 모양을 새겨 두었지만 다른 곳에서 보이는 사천왕상은 보이지 않는다. 지붕돌은 두터운 편이며, 경사가 급하고, 처마 모서리 부분에 여덟 곳의 귀퉁이마다 귀꽃 장식을 얹었던 흔적이 남아 있다. 상륜부는 지붕돌과 비슷한 다소 납작한 원형의 복발(覆鉢)이 있고 지붕돌 꼭대기 장식이 놓여 있다.

일제강점기 사진 자료와 예전 발간된 서적들의 사진들을 보면 지금의 형태와 다소 다르다는 것을 알 수 있어 복원 과정에서 일부 부재들이 바뀐 듯해 보이며 낭원대사탑비가 고려 태조 23년(940)에 건립되었으므로, 이 탑도 이때 같이 세워진 것으로 보인다. 조각 수법으로 보아서도 고려 초기의 작품으로 추정된다.

보원사지 법인국사탑(法印國師塔)

충남 서산시 운산면 용현리에 있는 보원사지에 남아 있으며 보물
제105호로 지정되어 있다.

이 탑은 법인국사 탄문(坦文)의 사리를 모셔 둔 사리탑으로 법
인국사 보승탑으로도 불리며 전체적으로 팔각의 평면을 기본으로
하고 있는데 지대석, 기단부, 상륜부에 모든 부재가 다 팔각으로
조성되어 있어 전형적인 팔각원당형의 형태이다. 기단부는 아래
받침돌을 팔각으로 된 두 개의 돌로 쌓았다. 밑돌에는 각 면마다
안상(眼象) 안에 사자 한 마리씩을 배치하여 조각하였고, 윗돌 상
단에는 운룡의 모습을 표현하였으며 모서리마다 귀꽃이 새겨져 있
다. 탑신(塔身)의 몸돌은 각 모서리에 기둥처럼 새기고, 앞면과 뒷
면에는 자물쇠가 달린 문비를 새겨 두었다. 그 양쪽으로는 사천왕
(四天王) 입상을 두었으며, 나머지 이면에는 인물상이 배치되어 서
있다. 전면 가득히 조각이 다 새겨져 있다. 지붕돌은 넓고 두꺼운
데, 밑으로는 서까래가 새겨져 있고, 윗면은 다소 약간 가파른 경사
를 보이고 있다. 각 모서리 끝에는 귀꽃 조각을 하였으나 현재 거
의 남아 있지는 않다. 탑의 상륜부에는 복발(覆鉢) 위로 보륜(寶輪)
장식이 놓여 있다.

세워진 시기는 법인이 입적한 해인 광종 26년(975)과 탑비를 세
운 978년 사이에 세워진 것으로 보고 있다. 978년은 왕이 법인(法印)
이라 시호를 내리고, 보승(寶乘)이라는 사리탑의 이름을 내린 시기이다.

봉암사 정진대사탑(靜眞大師塔)

경북 문경시 가은읍 원북리 구산선문 가운데 희양산문인 봉암사 경내에서 조금 벗어나 사찰 입구 북쪽의 산중턱 가까이 있으며 보물 제171호로 정진대사 긍양의 사리탑이다.

이 탑은 각 부분인 지대석, 기단부, 상륜부에 모든 부재가 다 팔각의 평면으로 조성되어 있어 전형적인 팔각원당형이다. 기단부 곳곳에는 연화문과 구름·용·연꽃무늬 등을 화려하게 장식해 두었다. 탑신(塔身)의 몸돌은 면마다 모서리에 기둥조각을 새기고, 앞쪽 면에 자물쇠 모양의 조각이 있으나 다른 나머지 면은 조각이 없다. 지붕돌은 지나치게 두꺼워 보이며, 상륜부에는 앙화(仰花) 등 일부 장식만이 남아 있다.

고려 광종 16년(965)에 대사가 입적한 것으로 보아 이 시기에 세워진 탑으로 추정된다.

고달사지 승탑

경기도 여주군 북내면 상교리 고달사지 맨 위쪽에 남아 있으며 국보 제4호로 지정된 고려시대의 승탑으로 고달사지 부도 혹은 석조부도가 2기 있어 고달사지 서 부도 등으로 불리었다.

이 승탑은 바닥의 형태가 팔각을 이루고 있으며, 기단은 상중하 세 부분으로 갖추어져 있으며 가운데 돌에 새겨진 화려한 조각들은 고려시대 대표적인 승탑의 조각이라 할 수 있다. 가운데 돌은 약간 둥글게 이루어져 있으며, 두 마리의 조금 변형이 이루어진 거북형상은 사실적으로 잘 표현되어 있다. 각 거북을 사이에 두고 네 마리의 뒤엉킨 용을 새겨 두었고 나머지 공간에는 구름무늬를 가득 채워 조각하였다. 바로 윗돌에는 연꽃무늬를 조각하여 놓았다. 탑의 몸돌에는 문비 모양과 창살로 된 문, 사천왕상(四天王像) 입상이 새겨져 있다. 지붕돌은 두꺼운 편으로 각 모서리를 따라 아래로 그 끝마다 큼직한 귀꽃 조각이 있다. 지붕돌 처마 밑 아랫면에는 하늘을 나는 듯한 비천상이 유려하게 새겨져 있다. 상륜부에는 둥그런 돌 위로 보개(寶蓋)가 얹혀 장식되어 있다.

주인공에 대해서는 경문왕 8년(868)에 입적한 원감대사라고도 추정하나 확실하지 않으며 전체적인 조각 수법으로 보아 고려시대 초기 작품으로 추정된다.

고달사지 원종대사탑(元宗大師塔)

경기도 여주군 북내면 상교리 고달사지에 남아 있으며 보물 제7
호로 지정되어 있다.

이 탑은 원종대사 찬유의 사리탑이다. 전체적으로 기단 위에 탑신
(塔身)과 지붕돌을 올린 형태로, 팔각의 평면을 기본으로 하고 있으
나 네모난 지대석 위에 4매로 짜인 사각의 기단부에서 하대 구조가
특이한 구조를 보이고 있다. 기단부는 네모난 바닥 돌에 연꽃잎이 새
겨져 있다. 중간 기단 중대석은 구름무늬를 조각하였고 그 사이에는
거북형태의 용이 몸을 앞으로 하고 머리는 오른쪽을 향했으며 이를
중심으로 하여 네 마리의 용이 새겨져 있다. 바로 위 받침돌에는 위
로 연꽃 조각이 새겨져 있다. 탑신은 팔각으로 되어 있는데 네 면에
는 문비가 다른 네 면에는 사천왕상(四天王像)이 새겨져 있다. 지붕
은 처마 귀퉁이 부분은 위로 향하고 귀꽃 장식이 새겨져 있다. 상륜
부에는 지붕돌을 축소해 놓은 듯해 보이며 보륜(寶輪), 보개(寶蓋),
보주(寶珠) 등 대부분이 잘 남아 있다.

전체적으로 각 부분의 조각 수법이 잘되어 고려 초기 작품으로
보이며 원종대사탑비의 비문에 의하여 고려 경종 2년(977)에 세워
진 것으로 추정되고 있다.

연곡사 북 승탑

전남 구례군 토지면 피아골 연곡사 북쪽 산 중턱에 있으며 국보 제54호로 지정되어 있다. 이 승탑은 인근 아름다운 승탑이라 할 수 있는 동 승탑을 본떠서 만든 것으로 보이며, 크기와 형태도 거의 같은 형식이다. 도굴범에 의하여 2001년 도괴된 상태로 있다가 복원되기도 하였으나 주인공에 대해서는 아직 확실히 알 수는 없으나 현각선사로 추정하는 설도 있다.

기단은 전체적으로 세 층으로 아래 받침돌, 가운데 받침돌, 위 받침돌로 구성되어 올려져 있다. 아래 받침돌은 아래에는 구름무늬를, 위에는 연꽃무늬를 각각 새겨 두었다. 위 받침돌도 두 단으로 나누어 연꽃과 주변에 돌난간을 아래위로 꾸몄다. 윗단에는 둥근 테를 두르고 가릉빈가(伽陵頻迦)를 돋을새김해 놓았다. 탑신 몸돌은 각 면에 향로와 사천왕상(四天王像) 등을 새겨 놓았다. 지붕돌에는 서까래와 기왓골을 새겼는데 기와 끝에 막새기와의 모양까지도 세밀히 새겨 두었다. 상륜부는 복원 과정에서 예전 모습과 다소 다르게 복원되어 있으나 완전하게 다 남아 있다.

주인공이 어떤 스님인지 알 수 없어 북 승탑이라고만 부르고 있으며 전체적인 조각 수법이 동 부도와 비슷하나 세부적으로 보면 다소 떨어지고 있어 고려 초기에 건립된 것으로 추정하고 있다.

불국사 사리탑

경북 경주시 불국사 경내에 있으며 보물 제61호로 보호각에 있는 사리탑이다. 광학부도(光學浮屠)라고도 불리나 분명하지는 않으며 주인공도 확실하지 않다.

전체적인 겉모습이 마치 석등과 비슷하게 생겼으며 탑신(塔身)을 중심으로 아래는 기단을 두고, 위로는 일부 상륜부를 두었다. 기단은 연꽃잎을 새긴 반원 모양의 돌을 위아래에 두고, 그 사이를 북 모양의 기둥으로 연결하고 구름무늬를 새겨 놓았고 탑신은 면마다 감실(龕室)을 움푹 파 놓고 그 안에 여래상(如來像)과 보살상(菩薩像)을 돋을새김하여 놓았다. 지붕돌은 경사면은 완만해 보이며 상륜부의 장식은 일부만 남아 있다. 팔각원당형에서 벗어난 형태와 전체적인 조각 수법으로 보아 고려 초기의 작품으로 추정된다.

1905년 일본인에 의해 동경의 우에노 공원으로 불법 반출되었다가 1933년에 반환된 것으로 다시 찾은 문화재이다.

유마사 해련탑(海蓮塔)

전남 화순군 남면 유마사로 들어가는 입구에 세워져 있으며 보물 제1116호인 이 탑은 도굴범들에 의해 훼손되어 흩어져 있던 것을 1981년 화순군에서 복원한 것이다. 탑신석에 새겨진 기록을 통해 해련스님의 사리가 여기에 모셔져 있는 것을 알게 된 사리탑이다.

전체적으로 전형적인 팔각원당형으로 기단 위에 탑신(塔身)을 얹은 형태이다. 아래 받침돌은 옆면에 안상(眼象)이 새겨져 있고, 가운데 중대석 받침돌에도 안상을 새겨 두었다. 탑신석은 각 면에 기둥 모양을 세우고 2면에 문비를 조각하였다. 문비 안에는 문고리를 표현해 놓았다. 남면 문비 윗부분에 주인공인 해련지탑(海蓮之塔)이라는 글자가 새겨져 있다. 지붕돌은 석등형과 같은 형태로 밑면에 3단의 받침이 있으며, 팔각의 모서리는 두툼하게 표현되어 있다. 지붕돌 낙수 면은 수평을 이루고 평박하며 팔각의 우동마루는 두툼하고 전각은 직선인데 여덟 마루 끝 귀퉁이에는 귀꽃이 장식되어 있으나 마멸이 심하다. 상륜부는 하나도 남아 있지 않다.

전체적인 조각 양식과 주인공으로 보아 고려 초기에 만들어진 것으로 추정된다.

경북대학교 연화 운룡장식 승탑

대구광역시 북구 산격동 경북대학교 박물관 야외에 세워져 있는 이 탑은 보물 제135호로 지정되어 있다. 석조부도란 명칭으로 알려져 있으나 그 주인공에 대해서는 알 수 없다.

기단의 아래 받침돌은 사각이며 각 면에는 아래로 된 연꽃무늬를 조각하고 있다. 가운데 받침돌은 동그스름한 팔각으로 구름문양이 많이 새겨져 있으며, 앞면과 뒷면 왼쪽과 오른쪽에는 용 네 마리가 도드라지게 조각되어 있다. 이는 마치 고달사지의 원종대사 혜진탑과 비슷한 형태이다. 탑신(塔身)은 팔각의 몸돌 모서리에 기둥 모양을 새겼다. 앞면과 뒷면에는 문비 모양을 조각하였으며, 그 좌우에는 사천왕상을 높은 돋을새김으로 새겨 놓았다. 지붕돌도 팔각 형태이며, 석등형으로 꼭대기에서 가파른 경사를 보이다가 밑에서 넓게 퍼져 거의 수평을 이루고 있다. 낙수 면의 각 모서리 선은 뚜렷하며 귀퉁이에서 살짝 들려 있다. 네모난 하대석과 중대석에서 표현 등 전체적인 조각 수법으로 보아 고려 초기의 우수한 작품임을 알 수 있다.

일제 강점기 대구에 살았던 일본인의 가정집 정원에 있던 것을 경북대학교 박물관으로 옮겨 놓았다고 하며 원래의 위치는 알려지지 않고 있다.

경북대학교 사자 주악장식 승탑

이 승탑은 대구 경북대학교 박물관 야외에 있으며 보물 제258호로 지정되어 있다. 전체적으로 팔각의 평면을 기본으로 기단 위에 탑신(塔身)과 지붕돌을 얹은 형태이다.

네모진 바닥 돌 위에 있는 기단은 아래·가운데·위 받침돌로 구성되어 있으며 아래 받침돌 옆면에는 사자를 새겨 놓았고, 윗면에는 구름을 조각해 놓았다. 가운데 받침돌은 면마다 악기를 연주하는 모습을 새겼다. 위 받침돌은 가운데 띠를 돌리고 큼직한 연꽃을 조각하였다. 탑신 모서리에는 기둥 모양을 새기고 앞면과 뒷면에는 자물쇠가 달린 문비 모양을 새기고 나머지 면에는 사천왕상(四天王像)과 보살상(菩薩像)을 조각해 놓았다. 지붕돌은 밑면에 향로와 비천상(飛天像)을 새겼으며, 처마부분은 목조건축의 지붕양식을 따라 서까래 등을 조각해 놓았다. 윗면에는 연꽃이 둘러져 있으며 그 위의 네 면에는 가릉빈가(迦陵頻伽)를 조각해 놓은 노반(露盤)이 올려 있다.

원래 승탑이 세워져 있던 터와 승탑의 주인공은 알 수 없는 상태이다. 전체적인 조각 수법으로 보아 고려시대 초기 작품으로 추정된다.

보천사지 승탑

경남 의령군 의령읍 하리 보천사지에 남아 있으며 보물 제472호로 지정되어 있다. 전체적인 형태는 위아래 모두 팔각원당형의 기본형을 그대로 따르고 있다.

정사각형의 바닥돌 위에 기단의 아래 받침돌, 가운데 받침돌, 위 받침돌 등 삼단의 받침돌이 올려졌다. 아래 받침돌은 두 단으로 이루어져 있고 그 사이에 띠를 돌려 구분하였고 윗단에는 용과 구름무늬를 얕게 돋을새김으로 조각하였다. 가운데 받침돌은 팔각 모서리마다 기둥 모양으로 새기고 여덟 면에는 타원형의 조각을 돌렸다. 위 받침돌에는 두 겹으로 위를 향한 16장의 연꽃잎을 새겼다.

탑신(塔身)은 모서리마다 기둥 모양을 새겨 두었으나 여덟 면 가운데 한 면에만 자물쇠가 달린 문짝 모양을 새겨 놓았다. 매우 두꺼운 지붕돌은 정상에서 각 모서리로 뻗치는 선을 용마루처럼 높게 돋을새김하였고, 끝은 큼직한 귀꽃 장식을 조각하여 마감해 놓았다. 지붕돌 꼭대기의 장식은 모두 없어졌다.

전체적으로 통일신라 이후의 팔각원당형의 양식을 충실히 따르고 있으나 기단의 아래 받침돌에 새긴 용과 구름무늬는 다소 애매하고 형식화된 느낌이 강하다. 무거운 지붕돌 표현도 시대가 내려오는 특징으로 볼 수 있어 전체적으로 보면 승탑이 건립된 시기는 고려시대 초기로 추정되며 주인공에 대해서 알 수 없는 상황이다.

적연선사 승탑

경남 합천군 가회면 중촌리 영암사지 인근에 있으며 전체적으로 팔각원당형을 유지하고 있으며 무너져 있던 것을 복원한 것이다.

지대석은 네모난 형태이며 기단의 하대석은 각 면에 안상(眼象)을 조각하고 그 안에 사자상을 조각하였으며 그 위에는 구름 속에 뒤엉킨 용 문양을 조각하였다.

상대석은 두 겹으로 된 위로 향한 연꽃을 조각하여 몸돌을 받치도록 하였다. 기단 중대석에는 각 면에 문양을 조각하였으나 마멸되어 형태를 파악하기 어렵다. 지붕돌은 석등 형태의 팔각형으로 추녀부분 끝을 살짝 들어올려 경쾌한 느낌이며 낙수 홈이 마련되어 있으며 마루 끝에는 귀꽃 장식을 하였다. 상륜부는 현재 없어져 알 수 없다.

서울대학교 도서관에 탁본으로 남아 전하는 적연국사자광탑비(寂然國師慈光塔碑)의 비문에 의하면 고려 현종 5년(1014) 6월에 적연선사(932~1014)가 83세로 입적하자 영암사의 서쪽 봉우리에 장사 지냈다고 한다. 이 승탑이 있는 곳이 영암사의 서쪽에 해당하므로 주인공이 적연선사일 것으로 추정하고 있으나 원래의 위치는 아닌 듯하다. 전체적인 조각 수법이 의령 보천사지 승탑과 비슷한 것으로 보여 고려 초기의 작품으로 추정된다.

용암사지 승탑

경남 진주시 이반성면 용암리에 있는 이 승탑은 원래는 용암사지의 서북쪽에 있던 것으로, 보물 제372호로 지정되어 있다. 무너져 파손되었던 것을 1962년에 옮겨 복원하였다.

바닥돌, 기단의 가운데 중대석 부분, 탑신석 등을 새로 만들어 놓았다. 전체적으로 팔각형을 유지하고 있으며 기단의 가운데 돌에는 구름과 용이 조각되어 있었으나 새로 보충된 것에는 간략하게 모서리 기둥만 새겨 놓았다. 기단 하대석 각 면에 안상을 조각한 다음 그 안에 천의를 길게 휘날리며 앉아 있는 천부상(天部像)을 도드라지게 조각하였고 양손으로 악기를 들고 연주하는 모습 등 각각 다른 형태로 조각되어 있으며 하대석 면석 부분에 이렇게 천부상을 조각한 예는 없다. 지붕돌은 하부에 받침이나 별다른 장식이 없이 낙수 홈을 마련하고 돌렸다. 지붕선의 끝은 추녀선과 만나는 곳에 귀꽃 장식을 만들어 놓았다. 상면에는 약간의 구름무늬를 돌려 받침을 마련하여 상륜부를 올려놓았다. 상륜부에는 복발, 보륜, 보개, 보주 등이 남아 있다.

누구의 사리탑인지는 분명하지 않지만 전체적인 조각 수법으로 보아서 고려 중기에 만들어진 것으로 추정된다.

인각사 보각국사탑

경북 군위군 고로면에 있는 인각사는 삼국유사의 산실로 일연스님이 머문 곳으로 알려진 사찰이다. 이곳에 있는 승탑은 원래 인각사에서 동쪽으로 2킬로미터 정도에 떨어진 곳에 세워졌던 것으로 보이며 도굴꾼에 의해 쓰러져 있던 것을 1962년에 이곳으로 옮겨 놓았다.

자연석으로 된 바닥 돌 기단부 위에 팔각의 하대석 받침돌을 놓았는데 윗면이 약간 경사를 이루고 있다. 가운데 받침돌 중대석도 팔각으로 각 면에 사자로 보이는 동물을 조각하였으나 마멸이 심하여 뚜렷하지 않다. 위 받침돌은 팔각이지만 원형에 가깝게 보인다. 탑신부 탑 몸돌도 팔각으로 정면에는 보각국사정조지탑(普覺國師靜照之塔)이란 두 줄의 명문이 새겨져 있고, 뒷면에는 문비 모양의 조각이 있으며 나머지 육 면에는 사천왕 입상과 보살상(菩薩像)을 새겨 놓았다. 지붕돌은 두꺼운 추녀 밑은 위로 느리게 들려 있고, 지붕선의 끝부분에 귀꽃 장식이 새겨져 있고 지붕돌 위로 커다란 상륜부 장식인 보개와 보주가 올려 있다.

비문에 의하면 비를 세운 시기는 충렬왕 21년(1295)이고 충렬왕 15년(1289) 7월 8일에 보각국사(普覺國師) 일연스님이 입적한 것으로 보아 이 시기에 세운 것으로 추정된다.

보경사 승탑

경북 포항시 북구 송라면 보경사 경내에서 조금 떨어진 뒷산의 중턱에 있는 승탑으로, 보물 제430호로 지정되어 있으며, 원진국사의 사리를 모셔 두어 원진국사탑이라 할 수 있다.

기단부의 아래·중간·위 받침돌 가운데 3단으로 이루어져 있으나 팔각 아래 받침돌 맨 윗단에만 연판 조각이 둘러져 조각되어 있고 나머지 2단에는 아무런 조각이 없이 간략화되어 있다. 중간 중대석 받침돌은 팔각의 모서리마다 기둥 모양을 새겨두었다. 위 받침돌에는 연꽃무늬를 새겼는데, 끝이 뾰족하고 돌출되게 표현해 놓았다. 탑신(塔身)은 몸돌을 유난히 높게 표현하여 돌기둥처럼 보이며, 두 면에만 자물쇠 모양을 새겨 놓았다. 지붕돌은 낙수 면의 경사가 느리고, 모서리 곡선의 끝마다 귀꽃 장식을 표현하고 있다. 지붕돌 위로 있는 상륜부는 복발(覆鉢)과 보주(寶珠)를 얹어 놓았다. 전체적으로 팔각형을 기본으로 하고 있으나, 몸돌이 지나치게 길게 표현하여 비례적으로 길쭉해 보이며 새로운 석당형의 양식으로 원진국사 승형이 입적한 고려시대 1221년에 세운 것으로 추정된다.

부석사 승탑

경북 영주시 부석사에서 동쪽으로 조금 떨어진 곳에 있으며 부석사 원융국사의 승탑으로 추정되고 있다.

네모난 지대석은 한 돌로 조성되어 있으며, 하대석 상면에 각 2구로 안상(眼象)을 조각해 놓았다. 중대석은 각 면에 안상을 조각하고 그 안에는 구름무늬와 꽃무늬를 새겨 놓았다. 탑신석 각 면에는 기둥 모양을 새기고 사각형으로 구획을 정하고 남쪽 면과 북쪽 면에 문비를 표현하고 자물쇠 문양을 새겨 놓았다. 그리고 문비 좌우 면에는 사천왕 입상과 보살 입상을 각각 조각해 놓았다. 지붕돌은 처마 선을 수평으로 하고 살짝 들어 올렸고 모서리 끝에서 귀꽃을 장식해 놓았다. 지붕돌 정상부에는 연화문을 장식한 받침을 두었다.

전체적인 조각 수법과 원융국사의 비문의 내용 등으로 보아 원융국사 결응이 입적한 문종 7년(1053)에 건립된 것으로 추정된다.

징효국사 승탑

강원도 영월군 수주면 법흥리 법흥사에 있으며 통일신라시대 승려인 징효국사의 사리를 모신 승탑이다.

전체적으로 기단부 위에 탑신(塔身)을 올리고 상륜부를 얹은 형태이다. 각 부분이 팔각원당형을 기본으로 하고 있다. 기단은 아래·가운데·위 받침돌의 세부분으로 되어 있다. 아래 받침돌 하대석에는 각 면에 안상(眼象)을 1구씩 얕게 새겼고 모서리 끝에는 귀꽃도 조각되어 있다. 가운데 받침돌 중대석은 각 면마다 모서리에 기둥 모양을 새겨 두었다. 위 받침돌은 연꽃무늬를 둘러놓았다. 탑신의 몸돌은 앞뒷면에는 문비 모양의 조각 안에 자물쇠 문양을 새겨 놓았다. 지붕돌에는 여덟 귀퉁이마다 귀꽃 장식이 달려 있다. 상륜부에는 보개(寶蓋), 보주(寶珠)를 갖추고 있다.

전체적인 조각 수법으로 보아 고려시대의 작품으로 보인다. 징효국사는 효공왕 4년(901)에 75세로 입적하였다.

법흥사 승탑

 강원도 영월군 수주면 법흥리 법흥사 적멸보궁 뒤쪽에 놓여 있는
것으로, 모신 사리의 주인공은 아직 밝혀지지 않았으며 징효국사
승탑과 비슷한 형식의 사리탑이다.

 넓고 네모난 바닥 돌을 깔고 아래·가운데·위 받침돌로 이루어
져 있으며 기단부 위에 탑신(塔身)을 올리고 상륜부 장식을 갖추었
다. 각 부분이 팔각을 이루고 있다. 넓고 네모진 바닥 돌 위에 놓인
아래 받침돌은 면마다 안상(眼象)이 새겨져 있다. 가운데 받침돌은
팔각으로 각 면에는 양쪽에 모서리 기둥 모양이 새겨져 있다. 위
받침돌에는 옆면을 둥근 모양으로 두 겹의 연꽃무늬를 둘렀다. 몸
돌은 위아래가 약간 좁아진 배흘림이 있는 팔각으로 앞뒤 양면에는
문짝 모양을 새기고 자물쇠가 달려 있다. 나머지 여섯 면에는 1구
씩의 신장상(神將像)을 돋을새김으로 조각하였다. 지붕돌은 아랫면
에 고임이 있으며 여덟 귀퉁이마다 귀꽃 장식을 높게 달았다. 상륜
부에는 복발, 보개, 보주 등이 놓여 있다.

 전체적인 조각 수법으로 보아 고려시대에 세운 작품으로 추정된다.

신륵사 보제존자석종

경기도 여주군 여주읍 신륵사 뒤편에 있는 나옹화상의 사리탑으로 보물 제228호로 지정되어 있다.

단층 기단 위에 2단의 받침을 둔 후 종 모양의 탑신(塔身)을 올린 모습이다. 기단은 돌을 쌓아 넓게 만들고 앞쪽과 양옆으로 계단을 두었다. 탑신은 아무런 꾸밈이 없고, 상륜부에는 불꽃무늬를 새긴 큼직한 보주(寶珠)가 솟아 있다.

고려 우왕 5년(1379)에 세운 것으로, 나옹이 양주 회암사 주지로 있다가 왕의 명으로 밀양에 가던 도중 이곳 신륵사에서 입적하니, 그 제자들이 절 뒤에 터를 마련하여 이 탑을 세워 두었다고 하며 고려 후기의 석종형 양식을 잘 보여주고 있는 작품이다.

조선시대

신륵사 팔각원당형 승탑

경기도 여주군 여주읍 천송리 신륵사 경내의 서쪽 언덕에 있으며 원래는 조사당 뒤 북쪽 구릉 너머에 있었다고 하며 1966년 11월 17일 현재의 위치로 옮겨다 놓았다고 한다.

전체적으로 팔각원당형의 양식을 갖추고 있다. 네모난 지대석 상면에 평면 팔각의 기단부·탑신부·상륜부를 차례로 구성하였다. 지대석의 하대석은 하나의 돌로 조성되었는데, 하대석에는 여덟 면에 아래로 된 연꽃무늬를 조각하였다. 중대석은 낮은 원통형으로 조성되었다. 상대석에는 연꽃무늬를 조각했다. 탑신부 몸돌은 평면 팔각의 형태로 문비형을 새기고 그 안에 범자(梵字)를 조각했다. 지붕돌의 하면은 편평하고 두툼한 기왓골의 끝에는 큼직하게 귀꽃을 조각해 놓았다. 상륜부는 상면에 복발, 보륜, 보주가 놓여 있다.

주인공은 알 수 없으나 전체적인 조각 수법으로 보아 조선시대 초기에 조성된 것으로 추정된다.

회암사지 무학대사탑

경기도 양주시 회천면 회암리 회암사 경내에 있으며 보물 제388호로 지정된 무학대사(無學大師)의 승탑이다.

둘레에는 난간이 둘러져 있다. 구름무늬를 조각한 팔각의 바닥돌 위에 기단, 탑신(塔身)과 상륜부가 놓여 있다. 탑신은 몸돌이 둥근 모양으로 표면에는 용과 구름이 가득 새겨져 있다. 지붕돌은 팔각으로 처마부분 경사는 급하며 추녀 끝은 가볍게 살짝 들려 있다. 상륜부는 둥근 보주 하나만 올려 있다.

무학대사 묘비의 기록으로 미루어 보아 조선 전기인 태종 7년(1407)에 건립된 것으로 보인다.

회암사지 승탑

경기도 양주시 회천면 회암리 넓은 회암사지의 가장 북쪽에 있으며 주인공은 정확히 알 수 없으나, 조선 중종의 계비인 문정왕후의 독신을 받아 회암사를 번창시키다 왕후가 별세한 후 제주도로 유배되어 목사 변협에게 피살된 보우대사나 회암사 중창에 힘쓴 처안대사의 승탑으로 추정하기도 한다.

전체적으로 팔각원당형을 이루고 있으며 기단 위에 탑신(塔身)을 올린 후 상륜부 장식을 얹은 형태이다. 기단을 제외한 몸돌, 지붕돌, 상륜부는 구형, 반원형, 보주형의 형태를 갖추고 있다. 기단은 아래 받침돌에 구름에 휩싸인 천마를 조각하였고, 위 받침돌은 팔부신중과 덩굴무늬로 장식한 후 그 윗면에 연꽃무늬를 둘렀다. 위 받침돌과 둥근 탑신의 몸돌 사이에는 별도의 돌로 3단의 받침을 두었다. 지붕돌은 경사가 다소 급하며 상륜부에는 연꽃무늬의 복발, 보륜, 보개, 보주 등 여러 장식이 올려 있다.

전체적인 조각 수법으로 보아 조선 전기에 만들어진 것으로 추정된다.

청룡사지 보각국사탑

충북 충주시 소태면 오량리 청룡사지에 있으며 국보 제197호로 지정되어 있다. 고려 말의 고승인 보각국사의 사리를 모셔 둔 승탑이다.

전체적으로 팔각원당형으로 조성되었는데 지대석 아래 사리공에서 금잔 등 장엄구가 있었으나 일제강점기에 도둑맞아 없어졌다고 한다. 기단은 팔각으로 아래 받침돌에는 엎어 놓은 연꽃무늬를 위 받침돌에는 솟은 연꽃무늬를 새겼다. 가운데 돌에는 사자상과 구름에 휩싸인 용을 새겼다. 상대석은 위로 향한 연꽃을 새겨 놓았다. 탑신부 몸돌은 면마다 무기를 든 신장상(神將像)을 새겨 놓았으며, 그 사이마다 기둥을 표현하였다. 지붕돌은 여덟 귀퉁이에서 높이 들려 있는데 목조건축의 지붕 곡선을 표현한 듯하며 합각마루에 지붕 끝에는 다른 곳에서 볼 수 없는 용머리와 봉황을 조각하여 놓았다. 지붕돌 정상에는 아래로 향한 연꽃을 조각하여 상륜부를 받치고 있다. 상륜부는 무너져 있던 것을 1968년 복원하였고 복발, 보륜, 보주가 잘 남아 있다. 조선 초기 석조 승탑의 가장 대표적인 작품으로 평가된다.

조선 태조 원년(1392)에 73세의 나이로 입적하자, 왕은 보각이라는 시호를 내리고 탑 이름을 정혜원융이라 내리어 태조 3년(1394)에 탑을 완성하였다.

연곡사 소요대사탑(逍遙大師塔)

전남 구례군 토지면 피아골에 있는 연곡사 북 승탑에서 약 100 미터 정도 내려온 서쪽에 있으며 보물 제154호로 지정되어 있다.

전체적으로 팔각원당형을 기본으로 하고 연곡사를 중창한 소요 대사의 사리를 모시고 있다. 탑신(塔身)을 중심으로 그 아래에 기단 하대석을 두고, 위로 상륜부를 얹고 있다. 팔각의 하대석 측면에는 아무런 조각이 새겨져 있지 않고 그 위로 탑신을 받치도록 두툼한 고임을 두었는데 구름무늬 속에 용무늬를 가득 새겨 놓았다. 탑신 몸돌은 한 면에는 문비 모양을 새기고 그 안에 자물쇠 문양을 표현하고 윗부분은 약간 홍예형으로 둥글게 표현하였고, 다른 한 면에는 소요대사지탑 순치육년경인(逍遙大師之塔 順治六年庚寅)이라는 두 줄의 글씨가 남아 있는데 이는 조선시대 승탑에 나타나는 형태로 몸돌에 주인공의 이름이 새겨진 경우이다. 다른 면에는 신장상을 돋을새김해 두었는데 변형된 금강역사상과 사천왕상으로 추정된다. 지붕돌은 얇고 넓은 편이며 경사가 급하고 하단에는 두 단의 층급 받침을 두었고 처마선에는 연주문과 물결무늬 두 줄의 수평선을 표현하였다. 또한 여덟 곳의 귀퉁이마다 큼지막하게 귀꽃 장식을 새겨 두었다. 상륜부는 팔엽의 앙화(仰花)와 구형의 복발과 보개(寶蓋), 보주(寶珠)가 차례로 놓여 있다. 그중 보개에는 세 네 마리가 조각되어 있는데 마치 벼슬이 달린 봉황으로 보인다. 탑신에 새겨진 명문 기록으로 보아 조선 효종 원년(1650)에 세워진 것을 알 수 있으며 건립 연대와 주인공의 존명이 밝혀진 조선 후기의 대표적인 승탑으로 평가되는 중요 작품이다.

[부록 1]

용(龍)이 조각된 전국의 승탑

승탑 지정 문화재 가운데 38건에서 용 문양 장엄을 확인하였다. 운
룡문이 조각된 위치별로 종합해 보면 하대석 13건, 중대석 9건, 상대
석 2건, 탑신석 6건, 지붕돌 8건, 상륜부 1건으로 된 것을 알 수 있다.

※ 명칭은 문화재청에 등록된 문화재 공식지정 명칭을 그대로
사용하였다.

국보

지정 번호	명칭	용이 조각된 부분							제작 연대
		하대석	중대석	상대석	탑신석	문비	지붕돌	상륜부	
4	여주 고달사지 승탑		○						고려 초기
53	구례 연곡사 동 승탑	○							통일신라
54	구례 연곡사 북 승탑					○			고려
57	화순 쌍봉사 철감선사탑	○							868
101	원주 법천사지 지광국사탑	○							1085
102	충주 정토사지 흥법국사탑		○						1017
197	충주 청룡사지 보각국사탑		○		○		○		1394

보물

지정 번호	명칭	용이 조각된 부분							제작 연대
		하대석	중대석	상대석	탑신석	문비	지붕돌	상륜부	
7	여주 고달사지 원종대사탑		○						977
33	남원 실상사 수철화상탑	○							통일신라
36	남원 실상사 승탑	○							고려
105	서산 보원사지 법인국사탑	○							978
135	대구 산격동 연화운룡장식승탑		○						고려
171	문경 봉암사 정진대사탑			○					965
191	강릉 보현사 낭원대사탑	○				○			940
257	공주 갑사 승탑	○							고려
258	대구 산격동 사자주악장식승탑	○				○			통일신라
274	곡성 태안사 광자대사탑	○				○			945
365	원주 흥법사지 진공대사탑		○						940
388	양주 회암사지 무학대사탑				○		○		1407
430	포항 보경사 승탑					○			고려
447	양양 선림원지 승탑		○						886
579	괴산 외사리 승탑					○			통일신라
928	남양주 봉인사 부도암지사리탑				○		○		1620
1117	순천 선암사 대각암 승탑					○			고려
1184	순천 선암사 북 승탑	○							고려
1346	장성 백양사 소요대사탑				○				1650
1347	해남 대흥사 서산대사탑					○			1647

시·도 유형문화재

지정번호	명칭	용이 조각된 부분							제작 연대
		하대석	중대석	상대석	탑신석	문비	지붕돌	상륜부	
광주시 7	원효사 동 부도		○						고려
경남 12	영원사지 보감국사 부도	○							고려
충남 25	무량사 김시습 부도		○						1493
전북 71	대원사 용각 부도			○					고려
경기 138	연천군 심원사지 부도군						○		조선
경기 157	남양주 수종사 부도				○		○	○	1439
전남 264	능가사 추계당, 사영당 부도						○		조선 17세기
경남 360	합천 적연선사 부도	○							1014

문화재 자료

지정번호	명칭	용이 조각된 부분							제작 연대
		하대석	중대석	상대석	탑신석	문비	지붕돌	상륜부	
광주시 7	수타사 홍우당 부도						○		조선
경남 12	괴산 백운사 부도군						○		조선
충남 25	여주 신륵사 원구형 부도						○		조선

문화재로 지정된 전국의 승탑

국보

연번	명칭	지정번호	소재지
1	여주 고달사지 승탑	4호	경기도 여주군 북내면 상교리 411-1
2	구례 연곡사 동 승탑	53호	전남 구례군 토지면 내동리 806
3	구례 연곡사 북 승탑	54호	전남 구례군 토지면 내동리 806 연곡사
4	화순 쌍봉사철감선사탑	57호	전남 화순군 이양면 증리 195-1 쌍봉사
5	원주 법천사지 지광국사탑	101호	서울 종로구 세종로 1 경복궁
6	충주 정토사지 홍법국사탑	102호	서울 용산구 서빙고로 137 국립중앙박물관
7	(전) 원주 흥법사지 염거화상탑	104호	서울 용산구 서빙고로 137 국립중앙박물관
8	충주 청룡사지 보각국사탑	197호	충북 충주시 소태면 오량리 산 32-1

보물

연번	명칭	지정번호	소재지
1	여주 고달사지 원종대사탑	7호	경기도 여주군 복내면 상교리 46-1
2	남원 실상사 수철화상탑	33호	전북 남원시 산내면 입석길 94-129
3	남원 실상사 승탑	36호	전북 남원시 산내면 입석길 94-60
4	남원 실상사 증각대사탑	38호	전북 남원시 산내면 입석길 94-129
5	경주 불국사 사리탑	61호	경북 경주시 진현동 산 1-1 불국사 내
6	강릉 굴산사지 승탑	85호	강원도 강릉시 구정면 학산리 731
7	서산 보원사지 법인국사탑	105호	충남 서산시 운산면 용현리 119-2
8	대구 산격동 연화운룡장식 승탑	135호	대구 북구 산격동 1370 경북대학교 박물관
9	문경 봉암사 지증대사탑	137호	경북 문경시 가은읍 원북길 313 봉암사
10	구례 연곡사 소요대사탑	154호	전남 구례군 토지면 피아골로 806-16
11	장흥 보림사 동 승탑	155호	전남 장흥군 유치면 봉덕리 산 10-1
12	장흥 보림사 서 승탑	156호	전남 장흥군 유치면 봉덕리 산 62-1
13	장흥 보림사 보조선사탑	157호	전남 장흥군 유치면 봉덕리 산 10-1
14	문경 봉암사 정진대사탑	171호	경북 문경시 가은읍 원북길 산 1-1 봉암사
15	울주 망해사지 승탑	173호	울산 울주군 청량면 망해2길 102 망해사
16	원주 거돈사지 원공국사탑	190호	서울 용산구 서빙고로 137 국립중앙박물관

17	강릉 보현사 낭원대사탑	191호	강원도 강릉시 성진면 보현길 396 보현사
18	여주 신륵사 보제존자석종	228호	경기도 여주군 여주읍 신륵사길 73
19	공주 갑사 승탑	257호	충남 공주시 계룡면 갑사로 568-2
20	대구 산격동 사자주악장식 승탑	258호	대구 북구 산격동 1370 경북대학교 박물관
21	곡성 태안사 적인선사탑	273호	전남 곡성군 죽곡면 태안로 622-215
22	곡성 태안사 광자대사탑	274호	전남 곡성군 죽곡면 태안로 622-71
23	전 양평보리사지 대경대사탑	351호	서울 서대문구 대현동 산 11-1 이화여대
24	원주 영전사지 보제존자탑	358호	서울 용산구 서빙고로 137 국립중앙박물관
25	창원 봉림사지 진경대사탑	362호	서울 용산구 서빙고로 137 국립중앙박물관
26	원주 흥법사지 진공대사탑 및 석관	365호	서울 용산구 서빙고로 137 국립중앙박물관
27	울주 승남사 승탑	369호	울산광역시 울주군 상북면 덕현리 산 32-2
28	진주 용암사지 승탑	372호	경남 진주시 이반성면 용암리 산 31
29	하동 쌍계사 승탑	380호	경남 하동군 화개면 묵암길 103
30	양주 회암사지 무학대사탑	388호	경기도 양주시 회천면 회암리 산 8-1
31	군위 인각사 보각국사탑 및 비	428호	경북 군위군 고로면 화북리 613-1
32	포항 보경사 승탑	430호	경북 포항시 북구 송라면 보경로 533
33	양양 진전사지 도의선사탑	439호	강원도 양양군 강현면 둔내리 산 1
34	울산 태화사지 십이지상 사리탑	441호	울산 남구 두왕로 277 울산박물관 내
35	양양 선림원지 승탑	447호	강원 양양군 서면 황이리 산 89 선림원지
36	의령 보천사지 승탑	472호	경남 의령군 의령읍 하리 산 96-1
37	양평 용문사 정지국사탑 및 비	531호	경기도 양평군 용문면 신점리 산 99-6
38	영동 영국사 승탑	532호	충북 영동군 양산면 누교리 산 138-1
39	괴산 외사리 승탑	579호	서울 성북구 성북로 102-11 간송미술관
40	대구 도학동 승탑	601호	대구 동구 팔공산로 201길 41 동화사
41	고양 태고사 원증국사탑	749호	경기도 고양시 덕양구 대서문길 197-20
42	남양주 봉인사 부도암지 사리탑	928호	서울 용산구 서빙고로 137 국립중앙박물관
43	화순 유마사 해련탑	1116호	전남 화순군 남면 유마리 400 유마사
44	순천 선암사 대각암 승탑	1117호	전남 순천시 승주읍 죽학리 산 48-1
45	순천 선암사 북 승탑	1184호	전남 순천시 승주읍 선암사길 450
46	순천 선암사 동 승탑	1185호	전남 순천시 승주읍 선암사길 450
47	해인사 홍제암 사명대사탑 및 석장	1301호	경남 합천군 가야면 해인사길 154 홍제암
48	장성 백양사 소요대사탑	1346호	전남 장성군 북하면 약수리 20
49	해남 대흥사 서산대사탑	1347호	전남 해남군 삼산면 구림리 산 8-6
50	괴산 각연사 통일대사탑	1370호	충북 괴산군 칠성면 태성리 각연길 451
51	보은 법주암 복천암 수암화상탑	1416호	충북 보은군 속리산면 법주사로 658-138
52	보은 법주사 복천암 학조화상탑	1418호	충북 보은군 속리산면 법주사로 658-138
53	양양 낙산사 해수관음공중사리탑	1723호	강원도 양양군 강현면 전진리 5-2

시·도 유형문화재

연번	명칭	지정번호	소재지
1	청송사지 부도	3호	울산 울주군 청량면 율리 산 107-4
2	운흥사지 부도	4호	울산 울주군 웅촌면 고연리 산 218
3	원효사 동 부도	7호	광주 북구 금곡동 209-13
4	동화사 부도군	12호	대구 동구 도학동 산 124-1
6	영원사지 보감국사 부도	12호	경남 밀양시 활성동 112
7	법주사 세존사리탑	16호	충북 보은군 속리산면 사내리 209
8	존자암지 세존사리탑	17호	제주 서귀포시 하원동 산 1-1
9	현내리 부도	22호	충남 부여군 석성면 현내리 375
10	무량사 김시습 부도	25호	충남 부여군 외산면 만수리 125-1
11	청원 안심사 세존사리탑	27호	충북 청원군 남이면 사동리 산 47-1
12	부인사 부도	28호	대구 동구 신무동 356 부인사
13	석조 팔각승탑	29호	서울 성북구 97-1 간송미술관
14	봉정암 석가사리탑	31호	강원도 인제군 북면 용대리 산 76 봉정암
15	대원사 자진국사 부도	35호	전남 보성군 문덕면 죽산리 831
16	안국암 부도	35호	경남 함양군 마천면 가흥리 1131
17	매월당 부도	43호	전북 무주군 설천면 삼공리 107
18	지공선사 부도 및 석등	49호	경기도 양주시 회암동 산 14-1
19	나옹선사 부도 및 석등	50호	경기도 양주시 회암동 산 14-1 회암사
20	회암사지 부도탑	52호	경기도 양주시 회암동 산 14-1 회암사
21	귀신사 부도	63호	전북 김제시 금산면 청도리 205
22	대원사 용각부도	71호	전북 완주군 구이면 원기리 산 13
23	사나사 원증국사탑	72호	경기도 양평군 옥천면 용천리 304
24	영월 징효국사 부도	72호	강원도 영월군 수주면 법흥리 산 5-3
25	영월 법흥사 부도	73호	강원도 영월군 수주면 법흥리 산 22-4
26	광덕사 부도	85호	충남 천안시 광덕면 광덕리 640
27	문수사 풍담대사 부도 및 비	91호	경기도 김포시 월곶면 성동리 산 36-1
28	백련사 정관당 부도	102호	전북 무주군 설천면 삼공리 산 936-1
29	진묵대사 부도	108호	전북 완주군 용진면 간중리 산 70-1
30	안심사 부도 및 부도전	109호	전북 완주군 운주면 완창리 26
31	망월사 혜거국사 부도	122호	경기도 의정부시 호원동 산 91
32	영동 심원리 부도	122호	충북 영동군 영동읍 부용리 379
33	초암사 동 부도	128호	경북 영주시 순흥면 배점리 524

34	초암사 서 부도	129호	경북 영주시 순흥면 배점리 524 초암사
35	오봉사지부도	131호	경기도 연천군 연천읍 고문리 산 73-2
36	연천군 심원사지 부도군	138호	경기도 연천군 신서면 내산리 342-1
37	용흥사 부도군	139호	전남 담양군 월산면 용흥리 산 86-1
38	상이암 부도	150호	전북 임실군 성수면 성수리 산 85
39	문수사 부도	154호	전북 고창군 고수면 은사리 산 190-1
40	남양주 수종사 부도	157호	경기도 남양주시 조안면 송촌리 1060
41	영동 영국사 석종형 부도	184호	충북 영동군 양산면 누교리 138-1
42	영동 영국사 원구형 부도	185호	충북 영동군 양산면 누교리 138-1 영국사
43	남양주 흥국사 성임당탑	203호	경기도 남양주시 별내면 덕송리 331
44	강진 백련사 원구형 부도	223호	전남 강진군 도암면 만덕리 산 55
45	나주 불회사 원진국사 부도	225호	전남 나주시 다도면 마산리 산 212
46	거창 감악사지 부도	323호	경남 거창군 신원면 구사리 산 12-1
47	창녕 보림사지 부도	327호	경남 창녕군 영산면 구계리 산 86-2
48	안국사 은광대화상 부도	337호	경남 함양군 마천면 가흥리 산 17-2
49	합천 적연선사 부도	360호	경남 합천군 가회면 증촌리 329

문화재 자료

연번	명칭	지정번호	소재지
1	중암사 부도	11호	대전시 중구 정생동 671 중암사
2	모현 동 부도	13호	전북 익산시 모현동 1가 719
3	수타사 홍우당 부도	15호	강원 홍천군 동면 덕치리 25
4	괴산 백운사 부도군	18호	충북 괴산군 사리면 소매리 산 20
5	관룡사 부도	19호	경남 창녕군 창녕읍 옥천리 산 320-2
6	장유화상 사리탑	31호	경남 김해시 장유면 대청리 산 68-1
7	부도암 부도	34호	대구 동구 도학동 산124-1 부도암
8	괴산 공림사 부도	35호	충북 괴산군 청천면 사담리 산 2-1
9	월정사 부도군	42호	강원도 평창군 진부면 동산리 산 1
10	추곡리 백연암 부도	53호	경기도 광주시 도척면 추곡리 산 25-1
11	망월사 천봉당태흘탑	66호	경기도 의정부시 호원동 산 91
12	중촌리 비석 및 부도	79호	경남 합천군 가회면 중촌리 369, 370
13	쌍계사 부도	80호	충남 논산시 양촌면 증산리 산 13
14	남한산 법화사지 및 부도	86호	경기도 하남시 상사창동 산 97
15	금곡사지 원광법사 부도탑	97호	경북 경주시 안강읍 두류리 9-1 금곡사지

16	속초 신흥사 부도군	115호	강원도 속초시 설악동 산 26-11
17	양양 명주사 부도군	116호	강원도 양양군 현북면 어성전리 산 58
18	천황사 부도	123호	전북 진안군 정천면 갈룡리 1425-3
19	상이암 부도	124호	전북 임실군 성수면 성수리 산 85
20	환적당지경탑	133호	경북 문경시 가은읍 원북리 산 1-1
21	함허당득통탑	134호	경북 문경시 가은읍 원북리 산 1-1
22	봉암사 석종형 부도	135호	경북 문경시 가은읍 원북리 산 1-1
23	송광사 벽암당 부도	144호	전북 완주군 소양면 대흥리 산 10
24	우리절 석조부도 2기	160호	경기도 광주시 도척면 상림리 178
25	불영사 부도	162호	경북 울진군 서면 하원리 산34 불영사
26	용봉사 부도	168호	충남 홍성군 홍북면 신경리 산80
27	향천사 부도	179호	충남 예산군 예산읍 향천리 57
28	고성 양화리 법천사지 부도군	207호	경남 고성군 대화면 양화리 269-1
29	광덕사 부도	253호	충남 천안시 광덕면 광덕리 산175-1
30	수도사 석탑 및 부도군	255호	경남 의령군 용덕면 이목리 157
31	보령 백운사 부도	374호	충남 보령시 성주면 성주리 산35-2
32	용천사 부도군	478호	경북 청도군 각북면 오산리 산136

[부록 3]

전국 승탑 문화재지정 현황

시·도별	국보	보물	시·도 유형문화재	문화재 자료	계
서울특별시	3	7	1		11
대구광역시		3	2	1	6
광주광역시			1		1
대전광역시				1	1
울산광역시		3	2		5
경기도	1	5	9	4	19
강원도		4	4	4	12
충청북도	1	1	8	2	12
충청남도		2	3	5	10
전라북도		3	8	4	15
전라남도	3	10	6		19
경상북도		5	2	6	13
경상남도		4	6	5	15
제주특별자치도			1		1
계	8	47	53	32	140

전국 승탑 보관 장소

특별시와 광역시

보존 장소	국보	보물	시·도 유형문화재	문화재 자료	계
서울특별시					
국립중앙박물관	3	5			8
이화여자대학교		1			1
간송미술관		1	1		2
대구광역시					
동구 동화사		1	1	1	3
부인사			1		1
경북대학교		2			2
광주광역시 북구 원효사			1		1
대전광역시 중구 중암사				1	1
울산광역시 울산박물관		1			1
울주군 망해사지		1			1
석남사		1			1
관음사			1		1
청송사지			1		1

경기도

보존 장소	국보	보물	시·도 유형문화재	문화재 자료	계
고양시 덕양구 태고사		1			1
김포시 문수사				1	1
광주시 백연암				1	1
남양주시 수종사			1		1
양주시 회암사지		1	3		4
양평군 사나사			1		1
용문사		1			1
여주군 고달사지	1	1			2
신륵사		1			1
연천군 심원사지			1	1	1
오봉사지			1	1	1
의정부시 망월사			1	1	2
하남시 법화사지					1

강원도

보존 장소		국보	보물	시·도 유형문화재	문화재 자료	계
강릉시	굴산사지		1			1
	보현사		1			1
양양군	낙산사			1		1
	명주사				1	1
	선림원지		1			1
	진전사지		1			1
영월군	법흥사			2		2
인제군	백담사			1		1
평창군	월정사				1	1
홍천군	수태사				1	1
속초시	신흥사				1	1

충청북도

보존 장소		국보	보물	시·도 유형문화재	문화재 자료	계
괴산군	각연사			1		1
	공림사				1	1
	백운사				1	1
보은군	법주사			3		3
영동군	영국사		1	2		3
	영동초등학교			1		1
청원군	안심사			1		1
충주시	청룡사	1				1

충청남도

보존 장소		국보	보물	시·도 유형문화재	문화재 자료	계
공주시	갑사		1			1
보령시	백운사				1	1
부여군	무량사			1		1
	현내리			1		1
논산시	쌍계사				1	1
서산군	보원사		1			1
예산군	향천사				1	1
천안시	광덕사			1	1	2
홍성군	용봉사				1	1

전라북도

보존 장소		국보	보물	시·도 유형문화재	문화재 자료	계
김제시	귀신사			1		1
고창군	문수사			1		1
남원시	실상사		3			3
무주군	백련사			2		2
완주군	안심사			1		1
	송광사				1	1
	대원사			1		1
	봉서사			1		1
익산시	혜봉원				1	1
임실군	상이암			1	1	2
진안군	천황사				1	1

전라남도

보존 장소		국보	보물	시·도 유형문화재	문화재 자료	계
강진군	백련사			1		1
곡성군	대안사		2			2
구례군	연곡사	2	1			3
나주시	불회사			1		1
담양군	용흥사			1		1
보성군	대원사			1		1
순천시	선암사		3			3
장흥군	보림사		3			3
장성군	백양사			1		1
화순군	쌍봉사	1				1
	유마사		1			1
해남군	대흥사			1		1

경상북도

보존 장소		국보	보물	시·도 유형문화재	문화재 자료	계
경주시	금곡사지				1	1
	불국사		1			1
군위군	인각사		1			1
문경시	봉암사		2		3	5
영주시	초암사			2		2
울진군	불영사				1	1
포항시	보경사		1			1

경상남도

보존 장소		국보	보물	시·도 유형문화재	문화재 자료	계
거창군	감악사지			1		1
김해시	장유암				1	1
고성군	법천사지				1	1
밀양시	영원사지			1		1
의령군	수도사				1	1
	보천사지		1			1
진주시	용암사지		1			1
창녕시	보림사지			1		1
	관룡사				1	1
하동군	쌍계사		1			1
함양군	안국사			2		2
합천군	해인사		1			1
	적연사			1		2
	중촌리				1	1

제주특별자치도

보존 장소		국보	보물	시·도 유형문화재	문화재 자료	계
제주도 서귀포시	존자암지			1		1

전국 승탑 명칭 분류 현황

구분	국보	보물	시·도유형문화재	문화재자료	계
1. 부도가 안치된 절 이름은 알고 있으나, 부도 이름을 모르는 경우					
○○寺 부도, ○○암 부도	2	12	17	14	45
○○寺址 부도	1	8	7	1	17
2. 부도가 안치된 절 이름도 모르고, 부도 이름도 모른 경우		3	1		4
석조부도(발견 보도된 곳 행정동 지명), 리, 동, 석조부도		2	2	2	6
3. 부도가 안치된 절 이름은 알고, 부도 이름도 아는 경우					
○○寺, ○○탑, 부도	5	22	19	7	54
(법명, 호, 속명) 부도			4		4
4. ○○寺 부도군			3	6	9
5. 부도명칭에 형태가 나타난 경우					
석종		1	1	1	
용각			1		
십이지상		1			
원구형			2		
6. 부도와 다른 문화재와 함께 등록된 경우					
부도 및 부도비		3	1	2	
부도 및 석등			2		
부도 및 장엄구			1		
부도 및 절터				1	
부도 및 부도전			1		
부도 및 석탑			1		

[부록 6]

다수 문화재 지정현황

문화재 지정명칭	지정번호	지정수량	탑	탑비	부도	부도명 있음
청송사지 부도	울산광역시 유형문화재 3	3			3	1
운흥사지 부도	4	2			2	
동화사 부도군	12	10			10	9
광덕사 부도	85	4			4	3
연천군 심원사지 부도군	138	14		2	12	6
용흥사 부도군	139	7			7	5
문수사 부도	154	2			2	
중암사 부도	문화재 자료11	7		1	6	6
괴산 백운산 부도군	18	5			5	1
괴산 공림사 부도	35	2			2	
월정사 부도군	42	22			22	2
중촌리 비석 및 부도	79	6			6	1
쌍계사 부도	80	9			9	1
남한산 법화사지 및 부도	86	3			3	1
속초 신흥사 부도군	115	17			17	10
양양 명주사 부도군	116	12			12	
천황사 부도	123	2			2	1
상이암 부도	124	2			2	2
향천사 부도	179	2			2	2
고성 양화리 법천사 부도군	207	8		1	7	2
수도사 석탑 및 부도군	255	11	1		10	

[부록 7]

주인공을 알 수 있는 승탑

순번	지정번호	문화재명	소재지	참고
1	보물 제428호	인각사 보각국사탑	경북 군위군 고로면	보각국사정조지탑(普覺國師靜照之塔) 명문
2	보물 제154호	연곡사 소요대사탑	전남 구례군 토지면 피아골	소요대사지탑 순치육년경인(逍遙大師之塔 順治六年庚寅) 명문
3	전라북도 유형문화재 102호	백련사 정관당 부도	전북 무주군 설천면 삼공리 산 936-1	탑신의 아래에 정관당일선탑(靜觀堂一禪塔)이라는 탑 이름이 있음
4	경기도 유형문화재 122호	망월사 혜거국사 부도	경기도 의정부시 호원동 산 91	부도의 앞에는 직사각형의 한 면에 혜거탑이라 새겨져 있음
5	전라남도 유형문화재 139호	용흥사 부도군	전남 담양군 월산면 용흥리 산 86-1	탑신의 몸돌에 승려의 이름을 새겨 놓았음
6	경기도 유형문화재 157호	남양주 수종사 부도	경기도 남양주시 조안면 송촌리 1060	지붕돌 낙수 면에 태종태후정○옹주사리탑시주 ○○유씨금성대군정통4년기미시월일입(太宗太后貞○翁主舍利塔施主 ○○柳氏錦城大君正統四年己未十月日立)이라는 명문이 새겨져 있다.
7	전라남도 유형문화재 225호	나주 불회사 원진국사 부도	전남 나주시 다도면 마산리 산 212	탑신의 앞면에는 부도의 주인공을 알 수 있는 원진국사통조지탑(圓眞國師痛照之塔)이란 글씨가 새겨져 있다.
8	경상남도 문화재자료 207호	고성 양화리 법천사지 부도군	경남 고성군 대하면 양화리 269-1, 280-1	부도에 계봉화상(鷄峰和尙)이라 적혀 있고, 다른 부도들에도 조웅대사 등의 승려 이름이 있다.
9	충청남도 문화재자료 253호	광덕사 부도	충남 천안시 광덕면 광덕리 산 175-1	탑신에는 진산화상(珍山和尙)이라는 명문
10	충청남도 문화재자료 374호	보령 백운사 부도	충남 보령시 성주면 성주리 산 35-2	부도 전면에 정연당(淨蓮堂)이라 새겨져 있다.
11	전라북도 문화재자료 123호	천황사 부도	전북 진안군 정천면 갈룡리 1425-3	탑신의 몸돌 앞면에 애운당대사지탑(愛雲堂大師之塔) 명문.
12	경상북도 문화재자료 133호	환적당 지경탑	경북 문경시 가은읍 원북리 산 1-1	탑신의 몸돌 한 면에는 환적당지경지탑(幻寂堂智鏡之塔) 명문
13	경상북도 문화재자료 134호	함허당 득통탑	경북 문경시 가은읍 원북리 산 1-1	탑신의 몸돌에는 함허당득통지탑(涵虛堂得通之塔)이라 새겨져 있다.
14	전라북도 문화재자료 144호	송광사 벽암당 부도	전북 완주군 소양면 대흥리 산 10	탑신 몸돌에 벽암당(碧巖堂)이라 새겨져 있다.

[부록 8]

제작 연대(절대 연도)를 알 수 있는 승탑

시대 구분	지정번호	문화재명	연도	현재 보존 장소
통일신라	국보 104호	전염거화상탑	844	국립중앙박물관
	국보 57호	쌍봉사 철감선사탑	868	전남 화순군 쌍봉사
	보물 273호	태안사 적인대사탑	861	전남 곡성군 태안사
	보물 157호	보림사 보조선사탑	880	전남 장흥군 보림사
	보물 137호	봉암사 지증대사탑	883	경북 문경시 봉암사
	보물 38호	실상사 증각대사탑		전북 남원시 실상사
	보물 33호	실상사 수철화상탑	893	전북 남원시 실상사
	보물 362호	봉림사지 진경대사탑	923	국립중앙박물관
	보물 365호	흥법사지 진공대사탑	940	국립중앙박물관
고려시대	보물 191호	보현사 낭원대사탑	940	강원도 강릉시 보현사
	보물 274호	태안사 광자대사탑	950	전남 곡성군 태안사
	보물 171호	봉암사 정진대사탑	965	경북 문경시 봉암사
	보물 7호	고달사지 원종대사탑	977	경기도 여주군 고달사지
	보물 105호	보원사지 법인국사탑	978	충남 서산시 보원사지
	보물 351호	보리사지 대경대사탑	939	서울 이화여자대학교 박물관
	국보 102호	정토사지 흥법국사탑	1017	국립중앙박물관
	국보 101호	법천사지 지광국사탑	1085	국립중앙박물관
	보물 430호	보경사 승탑(원진국사)	1224	경북 포항시 보경사
	보물 428호	인각사 보각국사탑	1295	경북 군위군 인각사
	보물 228호	신륵사 보제존자석종	1379	경기도 여주군 신륵사
	보물 749호	태고사 원증국사탑	1385	경기도 고양시 태고사
	보물 358호	영전사지 보제존자탑	1388	국립중앙박물관
조선시대	국보 197호	청룡사지 보각국사탑	1393	충북 충주시 청룡사지
	보물 531호	용문사 정지국사 탑	1398	경기도 양평군 용문사
	보물 388호	회암사지 무학대사탑	1407	경기도 양주시 회암사지
	보물 1416	복천암 수상화상탑	1480	충북 보은군 속리산 법주사
	보물 1418	복천암 학조등곡 화상탑	1514	충북 보은군 속리산 법주사
	보물 539호	용연사 석조계단	1613	대구 달성군 용연사
	보물 928호	봉인사 부도암지 사리탑	1620	국립중앙박물관
	보물 154호	연곡사 소요대사탑	1650	전남 구례군 연곡사

〈참고문헌〉

박경식, 『통일신라 석조미술 연구』, 학연문화사, 2002.

박경준, 『다비와 사리』, 대원사, 2001.

성춘경, 『전남 불교 미술연구』, 學硏文化社, 1999.

엄기표, 『신라와 고려시대 석조부도』, 학연문화사, 2003.

진정환, 강삼혜, 『석조미술』, 국립중앙박물관, 2006.

정영호, 『부도』, 대원사, 2003.

정영호, 『한국의 석조미술』, 서울대학교 출판부, 1998.

진홍섭, 『韓國의 石造美術』, 문예출판사, 1995.

최선일, 『조선 후기 彫刻僧과 불상 연구』, 경인문화사, 2011.

허균, 『사찰장식 그 빛나는 상징의 세계』, 돌베개, 2000.

김환대

경북 경주 출생
대학에서 고고미술사학을 공부하고 대학원에서 역사교육을 전공하였다.
경주문화유적답사 회장
관광칼럼니스트, 문화재 해설사
문화유적답사 관련 단체에서 활동
문화재 관련 강의와 어린이 문화체험 학습 지도
삼국유사 현장기행 답사를 진행하고 있으며 전국의 석조 문화재를 비롯하여 문화유적을
답사하고 있다.

『신라왕릉』
『경주남산』
『한국의 탑』
『한국의 불상』
『경주의 불교문화유적』
『경주 양동, 안동 하회마을』

한국의 승탑

초판인쇄 | 2012년 7월 20일
초판발행 | 2012년 7월 20일

지 은 이 | 김환대
펴 낸 이 | 채종준
펴 낸 곳 | 한국학술정보㈜
주　　소 | 경기도 파주시 문발동 파주출판문화정보산업단지 513-5
전　　화 | 031) 908-3181(대표)
팩　　스 | 031) 908-3189
홈페이지 | http://ebook.kstudy.com
E-mail | 출판사업부 publish@kstudy.com
등　　록 | 제일산-115호(2000. 6. 19)

ISBN　　978-89-268-3605-7 03220 (Paper Book)
　　　　 978-89-268-3606-4 05220 (e-Book)

이담 Books 는 한국학술정보(주)의 지식실용서 브랜드입니다.